本书获中国农业农村部全球渔业资源调查监测评估专项、上海高水平地方高校建设项目资助

加强打击 IUU 捕捞行为的
区域行动

Intensifying the Fight Against IUU Fishing at the Regional Level

（法）芭芭拉·哈特尼克扎克（Barbara Hutniczak）

（法）克莱尔·德尔珀什（Claire Delpeuch）

（法）安东尼娅·勒罗伊（Antonia Leroy）　著

邹磊磊　译著

中国海洋大学出版社

· 青岛 ·

图书在版编目（CIP）数据

加强打击 IUU 捕捞行为的区域行动 / （法）芭芭拉·哈特尼克扎克（Barbara Hutniczak），（法）克莱尔·德尔珀什（Claire Delpeuch），（法）安东尼娅·勒罗伊（Antonia Leroy）著；邹磊磊译著 . -- 青岛：中国海洋大学出版社，2024. 11. -- ISBN 978-7-5670-4001-4

Ⅰ. D912. 4

中国国家版本馆 CIP 数据核字第 2024YL8780 号

图字 -15-2024-216

出版发行	中国海洋大学出版社			
社　　址	青岛市香港东路 23 号		邮政编码	266071
出 版 人	刘文菁			
网　　址	http://pub.ouc.edu.cn			
订购电话	0532-82032573（传真）			
责任编辑	邵成军　刘怡婕		电　　话	0532-85902533
印　　制	日照日报印务中心			
版　　次	2024 年 11 月第 1 版			
印　　次	2024 年 11 月第 1 次印刷			
成品尺寸	170 mm ×230 mm			
印　　张	9.25			
字　　数	105 千			
印　　数	1—1 000			
定　　价	50. 00 元			

加强打击 IUU 捕捞行为的区域行动

Barbara Hutniczak, Claire Delpeuch & Antonia Leroy
（经济合作与发展组织）

　　为确保全球可持续性捕捞,捕捞国和沿海国合作创立了区域性渔业管理组织。《加强打击 IUU 捕捞行为的区域行动》评估了区域性渔业管理组织打击非法、未报告和无管制捕捞行为的实践行动,总结了最佳实践行动,同时指出了提升空间,旨在激励和指导区域性渔业管理组织及其成员国集中力量、增加投入,以提高其打击非法、未报告和无管制捕捞行为的成效。本书分析了区域性渔业管理组织关于相关养护和管理措施的决议和建议、其他公开信息以及与其秘书处直接沟通所收集的信息,并将上述信息归纳为五个指标。这些指标反映了区域性渔业管理组织针对非法、未报告和无管制捕捞行为所采取的最重要管理工具,并显示了区域性渔业管理组织在打击非法、未报告和无管制捕捞行为方面所取得的总体进展。本书也指出了各组织之间存在的差异以及改进空间,鼓励相关组织向表现最好的组织学习。

****

　　《加强打击 IUU 捕捞行为的区域行动》(经合组织粮食、农业和粮食文件第120 号)梳理了各区域性渔业管理组织中各个成员国所执行的最佳政策和实践行动,指导各国政府和渔业部门的利益相关方集中力量,加强打击非法、未报告和无管制捕捞行为的力度。

　　关键词:渔业管理;非法、未报告和无管制捕捞行为;区域性渔业管理组织

前 言①

PREFACE

作为政府间国际组织,经济合作与发展组织(经合组织)旨在联合国际社会共同应对全球化带来的经济、社会和政府治理等方面的挑战,并把握全球化带来的机遇。经合组织渔业部门关注成员国的渔业发展,同时关注包括中国(非经合组织成员国)在内的重要渔业国家的渔业发展,努力促进国际社会就渔业管理开展广泛的交流与合作。"绿色成长"是经合组织渔业政策的宗旨之一,为了推广其"绿色成长"理念,经合组织制定相应的指导性政策,为国际社会制定渔业政策提供参考。

为确保全球可持续性捕捞,捕捞国和沿海国合作创立了区域性渔业管理组织 (RFMOs)。本书介绍了各 RFMO 在打击非法、未报告和无管制(IUU)捕捞行为中的最佳实践行动,同时总结了各组织之间存在的差距,旨在激励和指导各 RFMO 及其成员国加强打击 IUU 捕捞行为。鉴于经合组织和各 RFMO 之间有着良好的合作与交流,且经合组织成员国基本是各 RFMO 的成员国,本书通过梳理与他们进行交流所获得的信息,并梳理各 RFMO 所采取的渔业资源养护和管理措施的决议与建议,结合 RFMO 的最佳实践行动,总结 RFMO 打击 IUU 捕捞行为最重要和最有效的管理工具,为全球提供加强打击 IUU 捕捞

---

① "前言"由本书译者所写,原书中不包含"前言"。"前言"中的观点为译著者观点,非经济合作与发展组织或其成员国观点。

行为的区域行动的经验。

2012 年，本人受农业部委派赴经合组织担任渔业政策分析师一职，同时负责协调我国相关部门与该组织之间的合作。虽然已经离开经合组织多年，本人一直关注该组织在渔业政策制定方面的最新动态，致力于将该组织的包含丰富"绿色成长"概念的渔业管理理念介绍给国内专注渔业管理研究的学者和相关政策制定部门。

本书是经合组织近年来出版的"可持续渔业发展"丛书之一的中译本。本人在国内陆续出版了丛书中其他书籍的中译本，包括 2023 年出版的《鼓励政策改变 实现渔业可持续性和适应性发展》和今年出版的《缩小打击 IUU 捕捞行为的国家法规之间的差距》。希望我国读者能喜欢本书，同时关注丛书中其他中译本，希冀为相关人士开展相应的渔业政策研究提供一定启示。

最后，感谢经合组织的同事们对本书翻译给予的支持；感谢中国农业农村部全球渔业资源调查监测评估专项及上海高水平地方高校（上海海洋大学）建设项目对本书出版的资助。

邹磊磊

2024 年 2 月 18 日

致 谢
ACKNOWLEDGEMENTS

　　为了编写本书,我们与区域性渔业管理组织秘书处进行了广泛的沟通;这些沟通富有成效,帮助我们深刻分析打击非法、未报告和无管制捕捞行为的国际合作,对此,我们对相关秘书处表示由衷的感谢。我们收到了以下区域性渔业管理组织相关人士的沟通意见:南极海洋生物资源养护委员会(David Agnew)、南方蓝鳍金枪鱼养护委员会(BobKennedy;Susie Iball)、地中海渔业总理事会(Nicola Ferri;Federico DeRossi)、美洲间热带金枪鱼委员会 (Jean-Francois Pulvenis)、国际大西洋金枪鱼养护委员会(Jenny Cheatle)、印度洋金枪鱼委员会(Christopher O'Brien)、西北大西洋渔业组织(Fred Kingston)、东北大西洋渔业委员会(Darius Campbell)、北太平洋渔业委员会(Dae Yeon Moon)、东南大西洋渔业组织(Lizette Voges)、南印度洋渔业协定(Jon Lansley)、南太平洋区域性渔业管理组织(Sebastián Rodriguez)和中西太平洋渔业委员会(Feleti P. Teo;Arlene Takesy)。感谢经合组织同事 Franck Jésus 和 Gilles Hosh 对本书后续版本的修改建议,以及 Laetitia Christophe、Sally Hinchcliffe、Michèle Patterson 和 Theresa Poincet 为本书出版所做的编辑和准备工作。

目 录
CONTENTS

1

附　表

附　图

BO	受益所有人（Beneficial Owner）
CCAMLR	南极海洋生物资源养护委员会（Commission for the Conservation of Antarctic Marine Living Resources）
CCSBT	南方蓝鳍金枪鱼养护委员会（Commission for the Conservation of Southern Bluefin Tuna）
CDS	渔获登记制度（Catch Documentation Scheme）
CMM	养护和管理措施（Conservation and Management Measure）
CNCP	合作非缔约方（Co-operating Non-contracting Party）
COC	履约委员会（Compliance Committee）
CP	缔约方（Contracting Party）
FAO	联合国粮食与农业组织（粮农组织）（Food and Agriculture Organization of the United Nations）
GFCM	地中海渔业总理事会（General Fisheries Commission for the Mediterranean）
IATTC	美洲间热带金枪鱼委员会（Inter-American Tropical Tuna Commission）
ICCAT	国际大西洋金枪鱼养护委员会（International Commission for the Conservation of Atlantic Tunas）
IMO	国际海事组织（International Maritime Organization）

INTERPOL	国际刑事警察组织（International Criminal Police Organization）
IOTC	印度洋金枪鱼委员会（Indian Ocean Tuna Commission）
IPOA-IUU	防止、阻止和消除非法、未报告和无管制捕捞的国际行动计划（International Plan of Action to Prevent, Deter and Eliminate Illegal, Unreported and Unregulated Fishing）
IUU	非法、未报告和无管制捕捞（Illegal, Unreported and Unregulated Fishing）
MCS	监测、控制和监督（Monitoring, Control and Surveillance）
NAFO	西北大西洋渔业组织（Northwest Atlantic Fisheries Organization）
NEAFC	东北大西洋渔业委员会（North East Atlantic Fisheries Commission）
NPFC	北太平洋渔业委员会（North Pacific Fisheries Commission）
RFMO	区域性渔业管理组织（Regional Fisheries Management Organisation）
SCIC	执行和履约常务委员会（Standing Committee on Implementation and Compliance）
SCOI	监察和检查常务委员会（Standing Committee on Observation and Inspection）
SEAFO	东南大西洋渔业组织（South East Atlantic Fisheries Organisation）
SIOFA	南印度洋渔业协定（Southern Indian Ocean Fisheries Agreement）
SPRFMO	南太平洋区域性渔业管理组织（South Pacific Regional Fisheries Management Organisation）
TAC	总可渔获量（Total Allowable Catch）
UNCLOS	联合国海洋法公约（United Nations Convention on the Law of the Sea）
UNFSA	联合国鱼类种群协定（United Nations Fish Stock Agreement）
VMS	船舶监控系统（Vessel Monitoring System）
WCPFC	中西太平洋渔业委员会（Western and Central Pacific Fisheries Commission）
WTO	世界贸易组织（World Trade Organization）

行动纲要和主要建议·

区域性渔业管理组织在全球渔业治理中发挥着关键作用。根据相关可持续性捕捞的国际协定和有效监督渔船以防非法、未报告和无管制捕捞行为的承诺,区域性渔业管理组织是捕捞国和沿海国开展国际合作的主要平台。区域性渔业管理组织对于经过或出现在多个管辖区域的鱼类种群养护尤为重要。

本书评估了区域性渔业管理组织打击非法、未报告和无管制捕捞行为的最佳实践行动所存在的提升空间,旨在激励和指导区域性渔业管理组织秘书处及其成员国集中力量、增加投入,以加强打击非法、未报告和无管制捕捞行为的成效。

本书分析了区域性渔业管理组织关于相关养护和管理措施的决议和建议、其他公开信息以及与其秘书处直接沟通所收集的信息,并将上述信息归纳为五个指标。这些指标反映了区域性渔业管理组织针对非法、未报告和无管制捕捞行为所采取的最重要的管理工具,以及相应的程序,具体有:最低监测、控制和监督标准;非法、未报告和无管制捕捞渔船黑名单机制;决策程序;与其他区域性渔业管理组织的信息交流;对区域性渔业管理组织成员国执行通过的养护和管理措施的履约审查。

本书的评估结果显示,区域性渔业管理组织在打击非法、未报告和无管制捕捞行为方面已经取得进展。最近采纳的养护和管理措施引入了更全面的监测、控制和监督最低标准以及严格的非法、未报告和无管制捕捞渔船黑名单机制。区域性渔业管理组织之间的合作也在逐渐改善,大多数区域性渔业管理组织加强定期、公开审查成员国的养护和管理措施履约情况。然而,各种指标结果显示,区域性渔业管理组织之间仍然存在差异,也存在改进的空间,这表明相关组织应该向表现最好的组织学习。

一些区域性渔业管理组织不公布其授权渔船的名单,从而难以对照非法、未报告和无管制捕捞渔船黑名单对其进行核对;只有少数区域性渔业管理组织实施了渔获登记制度(Catch Documentation Scheme, CDS),用标准化方式确保合法渔获量。非法、未报告和无管制捕捞渔船黑名单往往不完整,而且缺乏完整信息,导致很难识别非法、未报告和无管制捕捞渔船,也很难追踪其受益所有人。目前共享非法、未报告和无管制捕捞渔船黑名单协议并没有实现标准化,在实践中很难遵循。仅有少数区域性渔业管理组织使用制裁措施,因为只有他们规定对不遵守已通过的养护和管理措施的成员国实施制裁。然而即使已形成制裁规定,这些规定也没有得到系统的实施。此外,区域性渔业管理组织并未全面报告成员国执行养护和管理措施以及提交数据要求的履约审查,因此难以评估成员国对各类措施和要求的履约情况。而且,改进决策过程对于促进这些方面的改进至关重要。

加强区域性渔业管理组织打击非法、未报告和无管制捕捞行为的主要建议

通过对区域性渔业管理组织的调查,基于对其采取和实施的打击非法、未报告和无管制捕捞行为的最优实践行动的评估,经合组织建议:

1. 采用监测、控制和监督工具及方法的最低标准,特别是:

• 强制公布授权渔船的总名单,方便与现在的非法、未报告和无管制捕捞渔船黑名单进行核对;

• 根据联合国粮食与农业组织的《渔获登记制度自愿准则》(Voluntary Guidelines on Catch Documentation Schemes of the Food and Agriculture Organization of the United Nations),采用渔获登记制度这种标准化方式证明渔获的合法性;

• 区域性渔业管理组织之间的合作有助于确定和界定最适当的标准。

2. 通过从各利益相关方收集必要的信息,建立信息丰富的非法、未报告和无管制捕捞渔船黑名单。特别是在收集以下信息方面加强行动:

• 国际海事组织的识别码(Vessel Identifier),因为船旗和船名很容易改变;

• 渔船受益所有人的信息,从而核实授权经营者与因涉足非法捕捞而受到制裁的渔船有无法律、个人、财务或其他方面的联系。

3. 加强区域性渔业管理组织在互认非法、未报告和无管制捕捞渔船黑名单方面的合作。

4. 为未能履行区域性渔业管理组织成员国义务的国家建立严格和公开的制裁机制。

5. 定期审查区域性渔业管理组织成员国执行通过的养护和管理措施以及提交数据要求的履约情况,并公开、透明地报告审查结果。

6. 制定比协商一致(Comsemsus)决策更有效的投票制度,从而可以根据已通过的措施打击非法、未报告和无管制捕捞行为并制裁不履约的成员国。如果有反对程序,则应明确其设计,确保拟议的养护和管理措施目标不受影响。

7. 经合组织还鼓励对区域性渔业管理组织管辖的渔业资源拥有既得利益但不是该组织成员国的国家加入该组织,从而积极促进已通过的养护和管理措施的全面实施。

1

区域性渔业管理组织在全球渔业管理中的关键作用

区域性渔业管理组织（Regional Fisheries Management Organisation，RFMOs）在全球渔业管理中发挥着关键作用。他们将对管理特定鱼类种群或特定区域的渔业资源有共同兴趣的国家联合起来，并采取有约束力的养护和管理措施（Conservation and Management Measures，CMMs），因此他们是捕捞国和沿海国之间合作的主要机制，这种合作也符合《联合国海洋法公约》（United Nations Convention on the Law of the Sea，UNCLOS）（UNCLOS，1982[1]）和《联合国鱼类种群协定》（United Nations Fish Stock Agreement，UNFSA）（UNFSA，1995[2]）的要求和责任。区域性渔业管理组织对于跨界鱼类种群和高度洄游鱼类种群的养护尤为重要，这些鱼类种群在多个国家管辖区域内迁徙或出现（Allen，Joseph and Squires，2010[3]）。

《2005年经济合作与发展组织关于非法捕捞的报告》（2005 OECD Report on Fish Piracy）（OECD，2005[4]）确定了区域性渔业管理组织为防止非法、未报告和无管制捕捞（Illegal，Unreported and Unregulated Fishing，IUU）可采取的若干措施。这些措施包括执行渔获登记制度和贸易登记制度。这些制度旨在记录合法渔获量；对来自不履约国家的渔产品实行贸易禁运；列出在区域性渔业管理组织管辖区域拥有捕捞许可证的渔船名单；渔船观察员制度的推广；规定港口国管制的最低标准，从而向确认的非法、未报告和无管制捕捞渔船关闭港口并拒绝提供港口服务。该报告指出,这些措施有效提高了全球打击非法、未报告和无管制捕捞行为的成效,但报告也发现,只有少数区域性渔业管理组织使用这些措施,因此报告鼓励区域性渔业管理组织更广泛地采纳和实施这些措施。该报告进一步建议,对那些发现开展非法捕捞的船旗国,区域性渔业管理组织也可以考虑减少其在组织内的成员国利益,甚至不允许他们加入组织(OECD,2005[4])。

　　为了评估近年来区域性渔业管理组织所取得的进展并确定需要改进的地方,本章审查了区域性渔业管理组织直接应用于防止和消除非法、未报告和无管制捕捞行为的主要措施,即监测、控制和监督(Monitoring, Control and Surveillance, MCS)最低标准的制定(第2章),非法、未报告和无管制捕捞渔船黑名单机制(第3章),决策程序(第4章),区域性渔业管理组织之间的合作(第5章)以及成员国义务履约情况的审查程序(第6章)。本章重点分析通过的养护和管理措施的具体条款以及公布履约状况和后续程序的透明度。然而,对某些区域性渔业管理组织认为对减少非法、未报告和无管制捕捞行为比较重要的措施,本书并没有进行评估,因为它们不在经济合作与发展组织(Organization for Economic Cooperation and Development, OECD)的评估范围内。需要特别说明的是,本书没有评估正在使用的或联合使用的监测、控制和监督工具,也没有评估区域性渔业管理组织及其成员国的执行能力。

　　本书仅限于分析能够采取海洋渔业管理措施的区域性渔业管理组织,这些组织是:

　　南方蓝鳍金枪鱼养护委员会(Commission for the Conservation of Southern Bluefin Tuna, CCSBT)

　　地中海渔业总理事会(General Fisheries Commission for the Mediterranean, GFCM)

　　美洲间热带金枪鱼委员会(Inter-American Tropical Tuna Commission, IATTC)

　　国际大西洋金枪鱼养护委员会(International Commission for the Conservation of Atlantic Tunas, ICCAT)

　　印度洋金枪鱼委员会(Indian Ocean Tuna Commission, IOTC)

西北大西洋渔业组织（Northwest Atlantic Fisheries Organization，NAFO）

东北大西洋渔业委员会（North East Atlantic Fisheries Commission，NEAFC）

北太平洋渔业委员会（North Pacific Fisheries Commission，NPFC）

东南大西洋渔业组织（South East Atlantic Fisheries Organisation，SEAFO）

南印度洋渔业协定（Southern Indian Ocean Fisheries Agreement，SIOFA）

南太平洋区域性渔业管理组织（South Pacific Regional Fisheries Management Organisation，SPRFMO）

中西太平洋渔业委员会（Western and Central Pacific Fisheries Commission，WCPFC）

作为一个有权监督其管辖范围内渔业的组织，南极海洋生物资源养护委员会（Commission for the Conservation of Antarctic Marine Living Resources，CCAMLR）也包括在内。

本书所总结的五项指标表明，区域性渔业管理组织在打击非法、未报告和无管制捕捞行为方面已经取得了进展。最近采纳的养护和管理措施引入了更全面的监测、控制和监督最低标准以及严格的非法、未报告和无管制捕捞渔船黑名单机制。区域性渔业管理组织之间的合作也在逐渐改善，大多数区域性渔业管理组织也正在加强定期、公开审查成员国的义务履约情况。然而，如图1.1所示，区域性渔业管理组织间的指标结果跨度很大，意味着各组织之间仍然存在差异，也存在改进的空间，表明相关组织应该向图1.2中确定的表现最佳的组织学习。附录A详列了本书所用的评估方法。

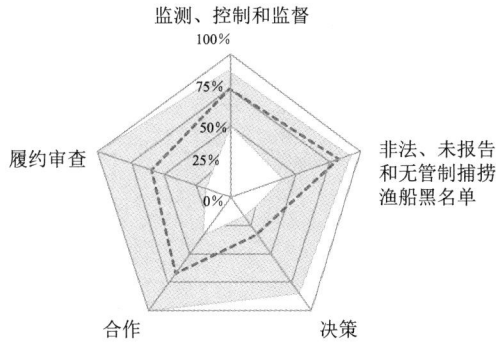

图 1.1 打击非法、未报告和无管制捕捞行为的最佳实践行动：
区域性渔业管理组织评估结果的中位数和范围

注：百分比代表第 2 章至第 6 章中确定的已实施的最佳实践行动所占的份额。阴影区域代表单个结果的范围。

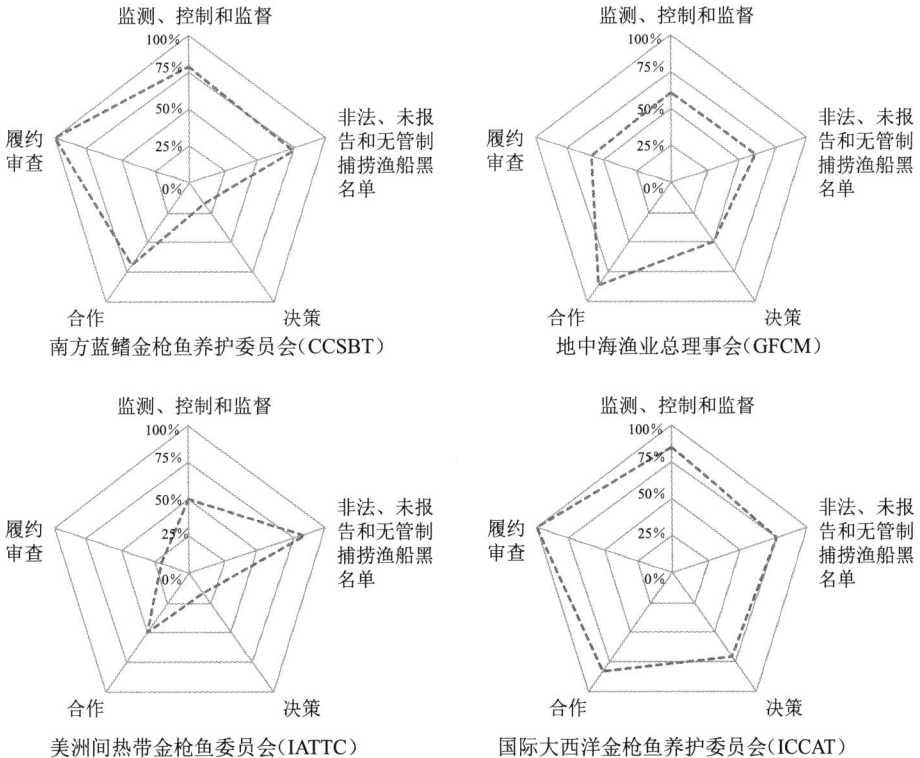

图 1.2 打击非法、未报告和无管制捕捞行为的最佳实践行动：
针对各个区域性渔业管理组织的评估

注：百分比代表第 2 章至第 6 章中确定的已实施的最佳实践行动所占的份额。

9

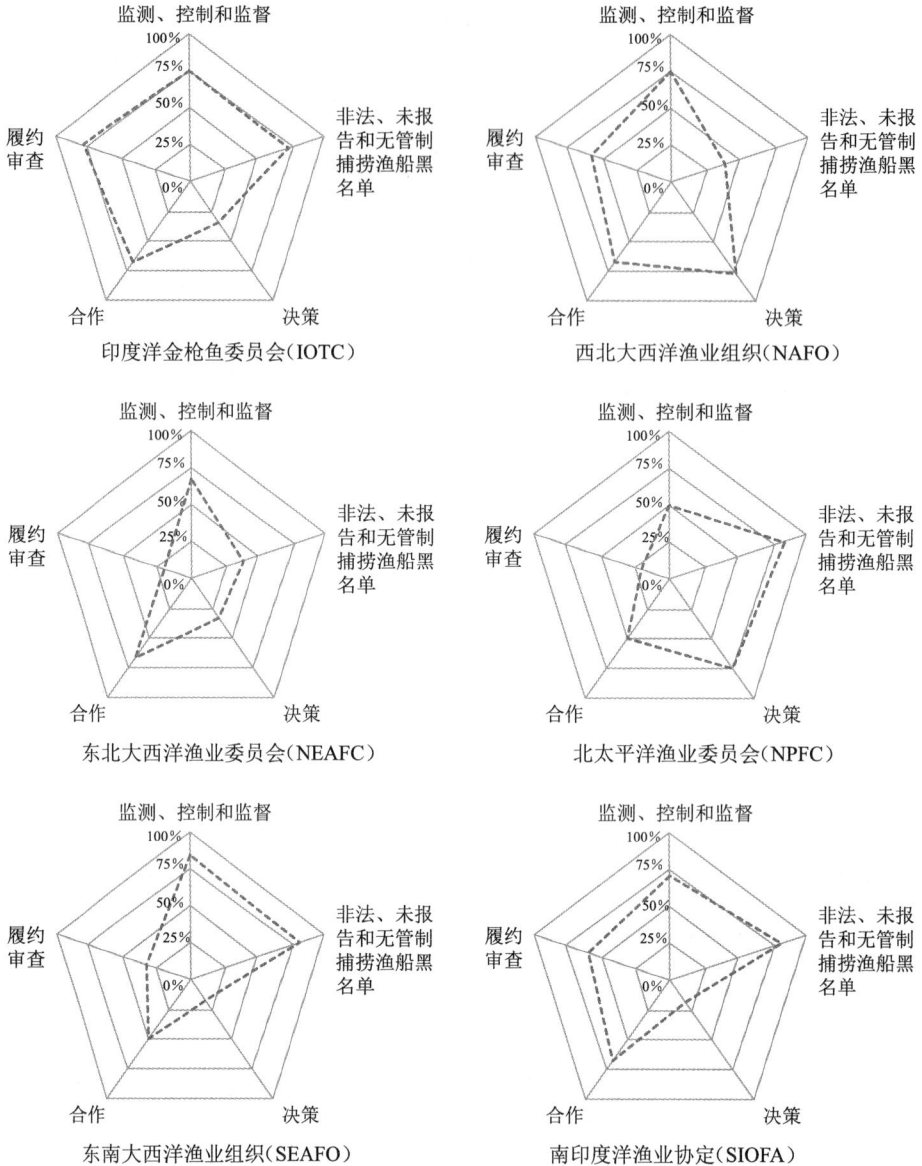

印度洋金枪鱼委员会（IOTC）

西北大西洋渔业组织（NAFO）

东北大西洋渔业委员会（NEAFC）

北太平洋渔业委员会（NPFC）

东南大西洋渔业组织（SEAFO）

南印度洋渔业协定（SIOFA）

图 1.2　打击非法、未报告和无管制捕捞行为的最佳实践行动：
针对各个区域性渔业管理组织的评估（续）

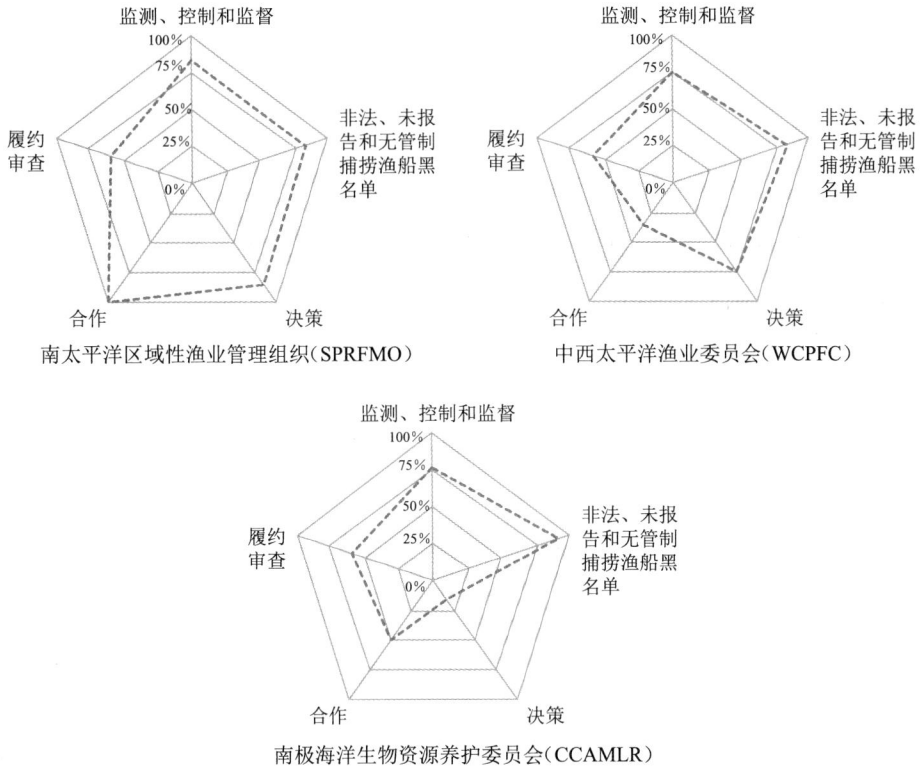

南太平洋区域性渔业管理组织（SPRFMO）

中西太平洋渔业委员会（WCPFC）

南极海洋生物资源养护委员会（CCAMLR）

图 1.2 打击非法、未报告和无管制捕捞行为的最佳实践行动：
针对各个区域性渔业管理组织的评估（续）

2

区域性渔业管理组织制定的监测、控制和监督最低标准

监测、控制和监督系统对于区域性渔业管理组织实施养护和管理措施至关重要。然而,成员国在实施监测、控制和监督制度方面的表现参差不齐——这与各成员国的能力和投入资本有关,在某些情况下,也与政府根除违规行为的决心有关(Cabral et al. , 2018[5])。区域性渔业管理组织在制定监测、控制和监督国际标准方面处于独特地位,各个组织所制定的标准可以帮助各国建设高效的监测、控制和监督系统,努力提高各方之间的协调性,确保养护和管理措施的有效实施(表 2.1)。

表 2.1　区域性渔业管理组织制定的监测、控制和监督标准

区域性渔业管理组织	授权渔船名单	渔获报告/渔获登记制度	船舶监控系统	海上检查	捕捞观察员方案	转载监控	港口检查	指定登陆港
南方蓝鳍金枪鱼养护委员会	√	√	√		*	√	√	√
地中海渔业总理事会	√	#	√	√**		√	√	√
美洲间热带金枪鱼委员会	√	√2	√		*	√		
国际大西洋金枪鱼养护委员会	√	√3	√	√	√	√	√	√

续表

区域性渔业管理组织	授权渔船名单	渔获报告/渔获登记制度	船舶监控系统	海上检查	捕捞观察员方案	转载监控	港口检查	指定登陆港
印度洋金枪鱼委员会	√	√4	√		*	√	√	√
西北大西洋渔业组织	√1	#	√	√	√	√		√
东北大西洋渔业委员会	√1	#	√	√	√	√		√
北太平洋渔业委员会	√		√	***	√	√		√
东南大西洋渔业组织	√	#	√	√	√	√		√
南印度洋渔业协定	√	#	√	***	*	√	√	√
南太平洋区域性渔业管理组织	√	#	√	√	√	√	√	√
中西太平洋渔业委员会	√	#	√	√	√	√	√	√
南极海洋生物资源养护委员会	√	√	√	√	√	√	√	

注:* 观察员方案仅限于科学用途;** 空间限制;*** 正在推进的措施执行(已有提案或实施计划);# 仅限于渔获报告标准。1. 未公开的授权渔船名单;2. 仅限于大眼金枪鱼(Bigeye Tuna)统计登记方案(Statistical Documentation Programme),其中包括渔获登记制度(Res. C-03-01);3. 仅限于大西洋蓝鳍金枪鱼(Atlantic Bluefin Tuna),对于大眼金枪鱼和箭鱼(Swordfish)有统计登记方案(ICCAT, 2016[6]);4. 仅限于大眼金枪鱼的统计登记方案,包括渔获登记制度(与印度洋金枪鱼委员会秘书处沟通获知)。

资料来源:根据对相关文件的审查和与相关区域性渔业管理组织的沟通。

　　在区域性渔业管理组织的管理下,最常用的监测、控制和监督工具是使用经授权的渔船名单,从而改善对捕捞作业的控制。渔船名单是渔船的公开记录信息,表明船旗国认可他们在相关区域按照相关规则开展捕捞作业。公布授权渔船名单可以缓解跟踪拥有捕捞资格渔船海上活动引发的后勤问题,还可以被用来限制在其他区域从事非法、未报告和无管制捕捞行为的渔船及其受益者在相关区域性渔业管理组织所管辖区域内开发利用相关渔业资源,或可以被用来对这些渔船进行法律、个人或者财务约束(关于非法、未报告和无管制捕捞渔船黑名单的更多详情,请见第 3 章)。如今,所有被调查的区域性渔业管理组织都要求其成员国根据已通过的养护和管理措施提供授权渔船名单。为了有效地保障仅授权渔船才能开展渔业作业,区域性渔业管理组织也越来越多地通过国际海事组织(International Maritime Organization, IMO)强制渔船使用独特的识别码。地中海渔业总理事会是当时接受调查的所有区域性渔业管理组织中最后一个尚未授权使用国际海事组织识别码的组织,尽管其已经批准了一项相关的新决议,但强制使用识别码的要求直至 2019 年[①]才生效。此外,除了两个区域性渔业管理组织(西北大西洋渔业委员会和东北大西洋渔业委员会),所有被调查的区域性渔业管理组织都选择了公开捕捞能力,并公开其授权渔船名单。

渔获登记制度证明了报告的合法渔获量,意味着其获得了授权官员的核实,因此渔获登记制度可以减少非法、未报告和无管制捕捞渔获进入市场的风险。迄今为止,只有少数区域性渔业管理组织根据联合国粮食及农业组织(Food and Agriculture Organization of the United Nations, FAO;以下简称"粮农组织")(FAO, 2017[7])的《渔获登记制度自愿准则》,对其管理的鱼类种群采用渔获登记制度。国际大西洋金枪鱼养护委员会针对大西洋蓝鳍金枪鱼制定了渔获登记制度,但其最新绩效评估(Performance Review)指出,其需要采用与其他金枪鱼区域性渔业管理组织[②](ICCAT, 2016[6])一致的渔获登记制度取代其目前的大眼金枪鱼统计方案。南方蓝鳍金枪鱼养护委员会自 2010 年以来,已形成针对南方蓝鳍金枪鱼(Southern Bluefin Tuna)的全面渔获登记制度[③]。南极海洋生物资源养护委员会制定了关于犬牙鱼(Toothfish)的渔获登记制度,南印度洋渔业协定正探索与南极海洋生物资源养护委员会在这方面的潜在合作机会

---

① 通过地中海渔业总理事会 41/2017/6 号决议,从 2019 年开始强制使用国际海事组织识别码;但是,根据地中海渔业总理事会 33/2009/5 号决议,虽然要求建立地中海渔业总理事会区域船队登记表,但是国际海事组织识别码的使用是自愿的。

② 金枪鱼区域性渔业管理组织包括南方蓝鳍金枪鱼养护委员会、美洲间热带金枪鱼委员会、国际大西洋金枪鱼养护委员会、印度洋金枪鱼委员会、中西太平洋渔业委员会。

③ 该渔获登记制度用于从捕获点到国内或出口市场的首次销售点跟踪和验证合法的南方蓝鳍金枪鱼产品流。该制度需要对每条南方蓝鳍金枪鱼进行独特的标记、测量和报告。

（SIOFA，2018[8]）。美洲间热带金枪鱼委员会通过和实施的唯一方案是关于大眼金枪鱼的统计登记方案（C-03-01 决议），但该方案不符合渔获登记制度的定义（ISSF，2016[9]）。尽管中西太平洋渔业委员会自 2005 年以来一直致力于开发研究大眼金枪鱼的渔获登记制度，但对其管理权限下的任何鱼类种群都没有采取这种措施（ISSF，2016[9]）。针对西太平洋和东太平洋的所有深海渔业捕捞物种，北太平洋渔业委员会制定了养护和管理措施，也专门为其管理的物种鲐鱼（Chub Mackerel）和秋刀鱼（Pacific Saury）制定了四项措施，但是关于渔获登记制度，该组织尚未有标准规定。

　　实时监测和运作良好的海上控制计划，对于防止一些最常见的非法、未报告和无管制捕捞行为是必要的，这些行为包括：超配额的过度捕捞、在禁渔期和禁渔区捕捞、不遵守养护和管理措施使用违规捕捞方法或渔具，或违反既定的转载程序。区域性渔业管理组织在开展海上监测、控制和监督时运用了各种方法和工具，最常见的是要求使用船舶监控系统（Vessel Monitoring Systems，VMSs），从而做到 24 小时传送船舶位置数据。所有被调查的区域性渔业管理组织都要求其成员国使用这种船舶监控系统①。所有接受调查的区域性渔业管理组织也意识到，经营者通过转载规避法律风险，"掩护"来自非法、未报告和无管制捕捞行为的渔获，因此这些组织采用了转载监测标准。②

　　检查计划（Inspections Schemes ）和观察员方案（Observer Programmes）是海上不常用的措施。然而，可以想象，这种情况必定会发生变化。例如，北太平洋渔业委员会和南印度洋渔业协定计划启动公海登临与检查计划（High Seas Boarding and Inspection Scheme）。2016 年，美洲间热带金枪鱼委员会的一个成

---

① 然而，在开展调查时，只有部分区域性渔业管理组织有一个集中的船舶监控系统（直接向区域性渔业管理组织提供数据），而另一些则只需要船舶监控系统监控船旗国，意味着这些区域性渔业管理组织没有能力独立核查渔船位置。南太平洋区域性渔业管理组织和中西太平洋渔业委员会运用了集中管理的船舶监控系统；北太平洋渔业委员会计划于 2020 年开发集中的船舶监控系统（与北太平洋渔业委员会秘书处沟通获知）。

② 但是，区域性渔业管理组织对是否需要向秘书处提供转载细节持有不同意见。例如，出于履约目的，中西太平洋渔业委员会要求渔船与成员国之间每次转载的所有报告都要提交给委员会秘书处，而北太平洋委员会只要求成员国的年度报告中包含转载概述。

员国提出了一项关于登临与检查程序的决议提案,但被撤回,后续未有类似提案提交(IATTC-90 H-1 提案修订版 1)。

当非法、未报告和无管制捕捞作业者利用海上执法不足进行规避时,港口检查(Port Inspections)提供了核查渔获物是否符合特定区域的养护和管理措施的另外一次机会。在调查的区域性渔业管理组织中,除美洲间热带金枪鱼委员会和北太平洋渔业委员会外,所有组织都制定了港口检查标准。大多数区域性渔业管理组织还授权其成员国指定有限数量的港口供区域性渔业管理组织管理的渔获物登陆。南极海洋生物资源养护委员会建议各成员国指定渔船可以进入的港口,但实际上,没有一个成员国向其秘书处提供指定港口的通告。

非法、未报告和无管制
捕捞渔船黑名单机制

  大多数区域性渔业管理组织使用非法、未报告和无管制捕捞渔船黑名单作为一种对不遵守区域养护和管理措施①的制裁。粮农组织于2001年批准了《防止、阻止和消除非法、未报告和无管制捕捞的国际行动计划》（International Plan of Action to Prevent, Deter and Eliminate Illegal, Unreported and Unregulated Fishing, IPOA-IUU）（FAO, 2001[11]）下的自愿措施，因此自2002年以来很多区域性渔业管理组织已经编制了渔船黑名单。管理良好、易于获取的非法、未报告和无管制捕捞渔船黑名单不仅是公开非法捕捞渔船的简单方法，也是逮捕和谴责非法、未报告和无管制捕捞②渔船相关人员的有力工具。比如，渔船黑名单有助于港口检查员确定需要检查哪些渔船或拒绝哪些渔船进入港口并拒绝向其提供服务。因此，渔船黑名单有助于防止非法、未报告和无管制捕捞产品

---

① 除了区域性渔业管理组织，国际刑事警察组织（International Criminal Police Organization, INTERPOL）也会通过紫色通报（Purple Notices）公布因非法活动而被通缉的渔船信息。2013年国际刑事警察组织的第一个紫色通报公布了一艘涉及非法捕捞的渔船（INTERPOL, 2013[25]）。然而，国际刑事警察组织主要关注的是打击渔业产业中出现的人口贩运和现代奴隶现象。因此本章仅讨论区域性渔业管理组织的实践行动，而不讨论国际刑事警察组织的实践行动。

② 特别是当这些渔船黑名单信息中包含国际海事组织识别码。渔船在其生命周期中只被分配一次识别码，因此，即使渔船更改船名或船旗，因为识别码无法改变，也能避免黑名单失效，从而强化黑名单功能。

进入市场,并降低非法、未报告和无管制捕捞行为的盈利能力。世界贸易组织(World Trade Organization, WTO)在关于渔业补贴(Fisheries Subsidies)的谈判中,认为非法、未报告和无管制捕捞渔船黑名单是一个潜在的管理工具,可以用来确定可适用补贴规定的渔船或经营者。(Schmidt, 2017[12])

然而,建立和管理非法、未报告和无管制捕捞渔船黑名单是极具挑战性的。截至目前,区域性渔业管理组织都有自己的黑名单机制。黑名单机制的性质和区域性渔业管理组织在黑名单机制方面存在的差异会影响黑名单机制的潜在效能。本章将探讨区域性渔业管理组织黑名单机制的主要特征,为后续的改进和各个区域性管理组织之间的协调提供参考信息。本章的分析重点是非法、未报告和无管制捕捞证据报告程序、渔船黑名单包含的信息以及悬挂船旗国旗帜的渔船被列入黑名单后船旗国需承担的后续责任(表 3.1 罗列了区域性渔业管理组织制定的非法、未报告和无管制捕捞渔船黑名单措施)。

3.1 举证

将一艘渔船列入非法、未报告和无管制捕捞渔船黑名单需经过一个过程。首先需向区域性渔业管理组织秘书处提交证据,证明这艘渔船在特定区域有涉嫌违反养护和管理措施的活动。区域性渔业管理组织对哪些实体被允许提交此类证据有不同的条例规定。允许提交证据的各方越多,违规行为被记录的机会就越大,意味着非法、未报告和无管制捕捞渔船黑名单的实际功能就越多。

所有区域性渔业管理组织都允许缔约方(Contracting Parties, CPs)当局提交证据,缔约方包括受通过的养护和管理措施约束的成员国或经济体。大多数区域性渔业管理组织还将此权限扩展到合作非缔约方(Co-operating Non-contracting Parties, CNCPs),即受邀国家或经济体的当局,合作非缔约方愿意在相关区域和区域性渔业管理组织合作并遵守养护和管理措施,但并不会根据成员国协议①受所通过的养护和管理措施的正式约束。大多数金枪鱼区域性渔业管理组织(南方蓝鳍金枪鱼养护委员会、美洲间热带金枪鱼委员会、印度洋金枪鱼委员会和中西太平洋渔业委员会)、东南大西洋渔业组织和南极海洋生物

---

① 区域性渔业管理组织对该定义有解释权。

资源养护委员会,以及最近成立的三个多物种区域性渔业管理组织(北太平洋渔业委员会、南印度洋渔业协定和南太平洋区域性渔业管理组织),均允许所有利益相关方提交证据,包括允许来自非缔约方或合作非缔约方国家①的利益相关方提交证据。

3.2 非法、未报告和无管制捕捞渔船黑名单包含的信息

了解非法、未报告和无管制捕捞行为中的实际受益所有人(Beneficial Owner, BO)②,这是有效调查有组织的非法、未报告和无管制捕捞行为和相关犯罪活动的关键。在非法、未报告和无管制捕捞渔船黑名单中列入受益所有人的信息,可以使拥有立法权的船旗国判决相关国民,并增加潜在违法者需承担的风险。

除西北大西洋渔业组织和东北大西洋渔业委员会外,大多数区域性渔业管理组织都有将船东和受益所有人信息列入非法、未报告和无管制捕捞渔船黑名单③的规定。然而,在实际行动中,这些信息很少被作为证据收集的一部分转交给区域性渔业管理组织,因此很少被公开发布。此外,在所有调查的区域性渔业管理组织中,目前对于受益所有人还没有正式的定义,因此当使用这些信息来调查相关的税务欺诈时就会存有反对(Lövin, 2012[13])。

根据非法、未报告和无管制捕捞渔船黑名单收集到的证据,公布已查明的非法、未报告和无管制捕捞信息,可以帮助各国改进对区域内渔船的管理和控

---

① 例如,美洲间热带金枪鱼委员会的公约规定,可以"(由区域性渔业管理组织主席)自行决定使用任何其他适当记录的信息"。("any other suitably documented information at his [the Director of the RFMO] disposal")

② 受益所有人是指最终拥有或控制客户和(或)以其名义完成交易的自然人。受益所有人还包括对某一法人或安排进行最终有效控制的人。"最终拥有或控制"和"最终有效控制"是指通过一系列所有权或通过直接控制以外的控制手段行使所有权/进行控制的情形。本定义也应适用于人寿保险或其他投资相关保险单的受益所有人或受益人(FATF/OECD, 2014年[28])。

③ 印度洋金枪鱼委员会第17/03号决议规定,被认定在印度洋金枪鱼委员会管辖区域内进行非法、未报告和无管制捕捞的渔船将被列入渔船黑名单,但该决议并没有规定黑名单必须包含受益所有人的名称。

制,并确定需要加强的监测、控制和监督措施。

除地中海渔业总理事会、西北大西洋渔业组织和东北大西洋渔业委员会外,调查的所有其他区域性渔业管理组织都以公开方式报告了黑名单所列渔船的非法、未报告和无管制捕捞行为详情。地中海渔业总理事会规定,非法、未报告和无管制捕捞渔船黑名单中需要包含"证明该渔船被列入非法、未报告和无管制捕捞渔船黑名单的活动信息,连同所有其他的相关证据"。然而在实际行动中,迄今为止还没有这种实践行动。

3.3　对认定的不履约行为采取的后续行动

将渔船列入非法、未报告和无管制捕捞渔船黑名单,意味着船旗国有明确义务对相关渔船提起法律诉讼,实施适当制裁,并向区域性渔业管理组织报告为调查和根除相关非法、未报告和无管制捕捞活动而采取的措施。通过评估船旗国对列入黑名单渔船采取的行动,区域性渔业管理组织秘书处能够审查船旗国是否已经采取足够的监督职责和实施足够的制裁措施,以避免今后再次发生类似的违规行为。然而,迄今为止,大多数区域性渔业管理组织缺乏对不履约行为采取的后续行动,只有东北大西洋渔业委员会制定了对黑名单渔船不采取后续行动的船旗国进行制裁的规定[①]。区域性渔业管理组织针对非法、未报告和无管制捕捞渔船黑名单的后续行动仅限于要求(或"鼓励",例如,南极海洋生物资源养护委员会的实践行动)船旗国采取适当和非歧视性的行动。没有一个区域性渔业管理组织列出船旗国对渔船实施的制裁详情,因此无法比较相关责任国所采取的行动。只有西北大西洋渔业组织和南极海洋生物资源养护委员会的年度审核报告中包含对已经确认涉足的渔船不履约行动所采取的后续行动信息。

[①]《东北大西洋渔业委员会控制和执行计划 2018》(NEAFC 2018 Scheme of Control and Enforcement)第 46（3）条指出,有可能采纳与世界贸易组织一致的多边商定的非歧视性贸易相关措施。

表 3.1　区域性渔业管理组织的非法、未报告和无管制捕捞渔船黑名单措施

区域性渔业管理组织（生效日期）	通过和实施的非法、未报告和无管制捕捞渔船黑名单行动	目前列出的黑名单渔船数量 *	举证	包含受益所有人信息	包含非法、未报告和无管制捕捞活动的信息	渔船列入黑名单的后续行动
南方蓝鳍金枪鱼养护委员会（1994）	自 2013 年以来制定了关于非法、未报告和无管制捕捞渔船黑名单的规定（南方蓝鳍金枪鱼养护委员会 2013 年 10 月 17 日通过决议）；至今未有黑名单	–	缔约方,合作非缔约方,其他外部国家或实体	规定	规定	要求船旗国从 2017 年 10 月 12 日起根据南方蓝鳍金枪鱼养护委员会决议采取措施
地中海渔业总理事会（1952）	自 2006 年以来制定了关于非法、未报告和无管制捕捞渔船黑名单的规定（地中海渔业总理事会 Res 30/2006/4）；从 2016 年 * 起有自己的黑名单	66	缔约方,合作非缔约方	规定	规定,但未实践	要求船旗国根据 Res 33/2009/8 采取措施
美洲间热带金枪鱼委员会（1949）	自 2004 年以来制定了关于非法、未报告和无管制捕捞渔船黑名单的规定（Res C-04-04）；最新的黑名单始于 2014 年	14	缔约方,合作非缔约方,其他外部国家或实体	规定	规定,有实践	要求船旗国根据 Res C-15-01 采取措施
国际大西洋金枪鱼养护委员会（1969）	自 1999 年以来制定了关于非法、未报告和无管制捕捞渔船黑名单的规定（ICCAT, 2000[14]）；正式程序始于 2003 年（Rec 02-23）；最新的黑名单始于 2016 年	102	缔约方,合作非缔约方	规定	规定,有实践	要求船旗国根据 Rec 11-18 采取措施

续表

区域性渔业管理组织（生效日期）	通过和实施的非法、未报告和无管制捕捞渔船黑名单行动	目前列出的黑名单渔船数量*	举证	包含受益所有人信息	包含非法、未报告和无管制捕捞活动的信息	渔船列入黑名单的后续行动
印度洋金枪鱼委员会（1996）	自2005年以来制定了关于非法、未报告和无管制捕捞渔船黑名单的规定（Res 11-03）；最新的黑名单始于2018年	74	缔约方，合作非缔约方，其他外部国家或实体	仅限于包含所有人信息的规定	规定，在公开记录中不包含对非法、未报告和无管制捕捞活动的说明	要求船旗国根据Res 17/03采取措施
西北大西洋渔业组织（1979）	自2005年以来制定了关于非法、未报告和无管制捕捞渔船黑名单的规定（GC Doc 05/03）；迄今为止未有黑名单	7	缔约方，仅针对非合作方	无规定	没有对非法、未报告和无管制捕捞活动进行说明的规定	要求船旗国根据西北大西洋渔业组织2018年养护和执法措施（2018CEM）采取措施；针对履约报告中逐一列出的已发现的不履约行为（但渔船未被列入非法、未报告和无管制捕捞渔船黑名单）采取后续行动
东北大西洋渔业委员会（1982）	自2004年以来制定了关于非法、未报告和无管制捕捞渔船黑名单的规定（Rec 8；2004）；最新的黑名单始于2012年	9	缔约方，仅针对非合作方	无规定	没有对非法、未报告和无管制捕捞活动进行说明的规定	要求船旗国根据《东北大西洋渔业委员会控制和执行计划》（NEAFC Scheme of Control and Enforcement）采取措施；对有渔船出现在非法、未报告和无管制捕捞渔船黑名单上却没有采取后续行动的船旗国进行贸易制裁的规定
北太平洋渔业委员会（2015）	自2017年以来制定了关于非法、未报告和无管制捕捞渔船黑名单的规定（CMM 2017-02），最新的黑名单始于2018年	27#	缔约方，合作非缔约方，其他外部国家或实体	规定	规定，有实践	要求船旗国根据CMM 2017-02采取措施

续表

区域性渔业管理组织（生效日期）	通过和实施的非法、未报告和无管制捕捞渔船黑名单行动	目前列出的黑名单渔船数量*	举证	包含受益所有人信息	包含非法、未报告和无管制捕捞活动的信息	渔船列入黑名单的后续行动
东南大西洋渔业组织（2003）	自2006年以来制定了关于非法、未报告和无管制捕捞渔船黑名单的规定（CMM 08/06）；最新的黑名单始于2017年	25	缔约方，其他外部国家或实体	规定	规定，有实践	要求船旗国根据CM 08/06采取措施
南印度洋渔业协定（2012）	自2016年以来制定了关于非法、未报告和无管制捕捞渔船黑名单的规定（CMM 06-2016）；最新的黑名单始于2018年	2	缔约方，合作非缔约方，其他外部国家或实体	规定	规定，有实践	要求船旗国根据CMM 06-2018采取措施（从2018年10月8日起具有约束力）
南太平洋区域性渔业管理组织（2012）	自2013年以来制定了关于非法、未报告和无管制捕捞渔船黑名单的规定（CMM 1.04）；最新的黑名单始于2016年	3	缔约方，合作非缔约方，其他外部国家或实体	规定	规定，有实践	要求船旗国根据CMM 04-2017采取措施
中西太平洋渔业委员会（2004）	自2006年以来制定了关于非法、未报告和无管制捕捞渔船黑名单的规定（CMM 2006-09）；最新的黑名单始于2010年	3	缔约方，合作非缔约方，其他外部国家或实体	规定	规定，有实践	要求船旗国根据CMM 2010-06采取措施
南极海洋生物资源养护委员会（1982）	自2002年以来制定了关于非法、未报告和无管制捕捞渔船黑名单的规定（10-06 2002）；最新的黑名单始于2016年	16	缔约方，其他外部国家或实体	规定	规定，有实践	要求船旗国根据CMM 10-06 2016采取措施，有评估缔约方后续行动的规定

注：*本表罗列的是截至2018年9月3日的情况；包含交叉登记的渔船（如有），详见第5章；#自2018年11月17日生效。

资料来源：根据与区域性渔业管理组织的沟通。

4

区域性渔业管理组织的决策程序

  区域性渔业管理组织成员国负责核实非法、未报告和无管制捕捞行为渔船黑名单,并负责就打击非法、未报告和无管制捕捞行为措施的执行作决定。因此,区域性渔业管理组织的决策程序是在全球范围内实施有效措施遏制非法、未报告和无管制捕捞行为的关键。就此而论,本章根据公认的最佳实践行动(表 4.1),特别是根据文献中所确定的基于协商一致决策过程所特有的风险,以及包含相关条款否决或不执行养护和措施的投票制度所带来的风险,来评估区域性渔业管理组织的决策过程(Lodge et al. , 2007[15];Ceo et al. , 2012[16];Koehler, 2016[17])。

  基于协商一致的决策优势包括保护区域性渔业管理组织中少数群体的利益,并树立对管理资源的所有权意识,从而从理论上提高履约性(CCSBT, 2008[18])[①]。尽管这是最具合作性的决策模式,但它也有局限性,比如,如果存在利益不一致的情况或者处于相互竞争的立场,部分成员往往会通过阻碍决策过程来维持现状(Moss Adams LPP, 2016[19])[②]。因此,最终通过的决定往往比较"缓和",也与最初的科学建议不完全一致(Allen, Joseph and Squires, 2010[3])。

  另一方面,多数票决(Majority Vote)能平等对待所有成员国,并允许他们在

[①] 然而,南方蓝鳍金枪鱼养护委员会指出,基于协商一致的管理并不能防止南方蓝鳍金枪鱼被过度捕捞和漏报。(CCSBT, 2008[18])

[②] 例如,美洲间热带金枪鱼委员会绩效评估报告指出:"协商一致的管理模式存在局限性,影响委员会的决策能力。"(Moss Adams LPP, 2016[19])

相互冲突的目标之间找到平衡。然而,在实践中,即使根据程序允许投票决策,区域性渔业管理组织通常也会寻求达成协商一致(Morrin,2014[20];McDorman,2005[21])。例如,迄今为止,国际大西洋金枪鱼养护委员会尚未就非法、未报告和无管制捕捞行为黑名单核实进行投票决策(根据2018年2月28日与国际大西洋金枪鱼养护委员会秘书处的沟通获知)。

投票过程中的反对程序(Objection Procedures)使成员国可以选择退出区域性渔业管理组织的决定,从而有可能削弱已通过的决定的效力,并可能否决已通过的决定,特别是与捕捞配额分配有关的决定,并使在管辖区域实现可持续渔业发展的总体目标复杂化。然而,在某些情况下,反对程序可以使仅少部分成员国由于实施困难而反对的养护和管理措施得以通过(McDorman,2005[21])。反对程序保护反对国家不受其反对决定的约束,所有调查的区域性渔业管理组织都通过投票制度保障反对程序。

表4.1 区域性渔业管理组织的决策程序

区域性渔业管理组织	程序	反对程序	反对理由	反对程序具体框架	反对审查过程	备注
南方蓝鳍金枪鱼养护委员会	协商一致	–	–	–	–	议事规则于2017年更新
地中海渔业总理事会	**多数票决**	允许	**必需**	未标明	未标明	协定于2014年修订
美洲间热带金枪鱼委员会	协商一致	–	–	–	–	《2016年绩效评估》(Performance Review 2016)强调美洲间热带金枪鱼委员会治理模式的局限(Moss Adams LPP,2016[19])
国际大西洋金枪鱼养护委员会	**多数票决**	允许	**必需**	规定	未标明	然而,决策通常是以协商一致方式达成的(迄今为止,非法、未报告和无管制捕捞渔船黑名单无需投票决定)
印度洋金枪鱼委员会	**多数票决**	允许	未标明	未标明	未标明	
西北大西洋渔业组织	**多数票决**	允许	**必需**	**必需**	**已建立(应缔约方要求)**	然而,决策通常是以协商一致方式达成的;《西北大西洋渔业组织公约》(NAFO Convention)于2017年得到修订

区域性渔业管理组织	程序	反对程序	反对理由	反对程序具体框架	反对审查过程	备注
东北大西洋渔业委员会	**多数票决**	允许	未标明	未标明	未标明	2003 年就对反对理由提交提出修正,但至今未获通过
北太平洋渔业委员会	**多数票决**	允许	**必需**	**必需**	**已建立(应缔约方要求)**	部分决策需要协商一致,例如在公约管辖区域制定任何新兴渔业的条款和条件(包括捕捞配额分配);委员会邀请至少两名非成员国专家按要求进行反对审查
东南大西洋渔业组织	协商一致	–	–	–	–	关于实质性事项的决策需以协商一致方式达成,如果决策很重要,并且没有达成协商一致,则不予通过
南印度洋渔业协定	协商一致	–	–	–	–	关于实质性事项的决策需以协商一致方式达成,如果决策很重要,并且没有达成协商一致,则不予通过
南太平洋区域性渔业管理组织	多数票决	允许	必需	必需	已建立(自动)	然而,决策通常是以协商一致方式达成
中西太平洋渔业委员会	多数票决	允许	必需	规定	已建立(应缔约方要求)	然而,决策通常是以协商一致方式达成
南极海洋生物资源养护委员会	协商一致	–	–	–	–	

注:粗体文本表示最佳实践行为。

资料来源:根据对相关文件的审查和与相关区域性渔业管理组织的沟通。

　　南方蓝鳍金枪鱼养护委员会、美洲间热带金枪鱼委员会、东南大西洋渔业组织、南印度洋渔业协定和南极海洋生物资源养护委员会均采用基于协商一致的决策方式。当被允许投票时,反对程序可以采取各种形式。在印度洋金枪鱼委员会和东北大西洋渔业委员会[①],反对程序是无条件的,没有正式的义务说

---

① 2003 年,欧洲委员会(European Commission)对《东北大西洋渔业委员会公约(NEAFC Convention)(D(2003)-11384)提出修正案,要求提供关于反对理由(Justification of Objection)的说明(向东北大西洋渔业委员会就东北大西洋渔业委员会第 12 条和第 13 条程序提出建议)。2006 年通过并于 2013 年生效的《东北大西洋渔业委员会公约》修正版没有包括这一变化。

明反对理由。这种反对程序框架(Objection Framework)既不能促进区域性渔业管理组织内部协商一致,也不能建立成员国彼此间的信任以共同管理捕捞物种。另一方面,说明反对原由可以促进透明度,而且是地中海渔业总理事会、国际大西洋金枪鱼养护委员会、北太平洋渔业委员会、南太平洋区域性渔业管理组织和中西太平洋渔业委员会的议事规则所要求的。

通过定义特定的反对程序框架来限制反对范围,可以进一步简化决策过程。国际大西洋金枪鱼养护委员会、西北大西洋渔业组织、北太平洋渔业委员会、南太平洋区域性渔业管理组织和中西太平洋渔业委员会认为,唯一可接受的反对理由是相关措施不符合公约或构成对反对方(Objector)的无理歧视(Unjustified Discrimination)。此外,国际大西洋金枪鱼养护委员会、西北大西洋渔业组织、北太平洋渔业委员会、南太平洋区域性渔业管理组织要求,反对方必须提出与反对养护和管理措施目标一致的替代措施。西北大西洋渔业组织、北太平洋渔业委员会、南太平洋区域性渔业管理组织和中西太平洋渔业委员会都制定了反对审查过程(Objection Review Processes)的规定,其中大多数受调查的区域性渔业管理组织仅在缔约方要求下建立审查小组(Review Panel)。截至本书编撰时,只有南太平洋区域性渔业管理组织有一个自动反对审查程序(Automatic Objection Review Procedure),因此,此程序被认可为正在使用的示范性决策方式。

5

合作和信息共享

为防止非法、未报告和无管制捕捞渔船到其他区域性渔业管理组织管辖区域开展捕捞作业,区域性渔业管理组织之间的信息共享至关重要。制定统一的非法、未报告和无管制捕捞渔船黑名单,或相互承认每个区域性渔业管理组织制定的非法、未报告和无管制捕捞渔船黑名单,将这些渔船的渔获排除在全球渔产品供应链[①]之外,是一种低成本的共享信息和开展合作的方式。然而,目前采用的非法、未报告和无管制捕捞渔船黑名单制度并未实现标准化,实际操作也各不相同(表 5.1)。南太平洋区域性渔业管理组织是唯一一个自动识别所有其他区域性渔业管理组织非法、未报告和无管制捕捞渔船黑名单的组织[②]。其他一些区域性渔业管理组织也有交叉渔船黑名单的规定,但仅限于少

[①] 例如,最新的印度洋金枪鱼委员会绩效评估(IOTC,2009[26])指出,由于现有资源的限制,印度洋金枪鱼委员会秘书处工作人员没有参加其他区域性渔业管理组织举办的众多会议。

[②] CMM 04-17 规定建立了一份被认为在南太平洋区域性渔业管理组织管辖区域进行非法、未报告和无管制捕捞的渔船的黑名单。该规定指出"第 14 款所述(打击非法、未报告和无管制捕捞渔船)措施应适用于列入其他区域性渔业管理组织建立的渔船黑名单,并在南太平洋区域性渔业管理组织管辖区域开展捕捞作业的渔船"。

数区域性渔业管理组织①或某些条件下。在有条件的交叉渔船黑名单模式中，只有在其成员国没有提出反对意见的情况下，其他区域性渔业管理组织所列渔船才会被交叉重复列名。南方蓝鳍金枪鱼养护委员会、地中海渔业总理事会、国际大西洋金枪鱼养护委员会、印度洋金枪鱼委员会②、西北大西洋渔业组织、东南大西洋渔业组织和南印度洋渔业协定③均使用了这一模式。然而实际上，自2013年制定黑名单制度以来，南方蓝鳍金枪鱼养护委员会的非法、未报告和无管制捕捞渔船黑名单一直空缺。一些不实行交叉渔船黑名单制度的区域性渔业管理组织（南极海洋生物资源养护委员会、南方蓝鳍金枪鱼养护委员会、美洲间热带金枪鱼委员会、印度洋金枪鱼委员会、北太平洋渔业委员会和南印度洋渔业协定）在其网站上提供了其他区域性渔业管理组织非法、未报告和无管制捕捞渔船黑名单的链接。中西太平洋渔业委员会没有交叉渔船黑名单的规定，也不通报其他区域性渔业管理组织的黑名单。

---

① 东北大西洋渔业委员会和东南大西洋渔业组织间有交叉渔船黑名单规定，但这些规定仅限于相互承认对方的渔船黑名单以及其他两个区域性渔业管理组织（南极海洋生物资源养护委员会和西北大西洋渔业组织）的交叉渔船黑名单，但在实践中并非按照上述规定在行动（例如，南极海洋生物资源养护委员会非法、未报告和无管制捕捞渔船黑名单并不出现在东北大西洋渔业委员会渔船黑名单上；正如东北大西洋渔业委员会秘书处所解释的，迄今为止，南极海洋生物资源养护委员会缔约方未能与东北大西洋渔业委员会达成互惠合作）。西北大西洋渔业组织认可东北大西洋渔业委员会非法、未报告和无管制捕捞渔船黑名单，因为其没有列出渔船黑名单，因此，其渔船黑名单是基于其他区域性渔业管理组织所列出的渔船黑名单。此外，西北大西洋渔业组织还有来自于东北大西洋渔业委员会、东南大西洋渔业组织和南极海洋生物资源养护委员会的单独渔船黑名单，其官网上还提供所有其他区域性渔业管理组织（地中海渔业总理事会除外）非法、未报告和无管制捕捞渔船黑名单的链接。

② 最近通过的养护和管理措施中包含了交叉渔船黑名单的规定（第18/03号决议建立了在印度洋金枪鱼委员会管辖区域内进行非法、未报告和无管制捕捞的渔船黑名单）；由于这些规定仅于2018年10月4日生效，因此本书无法对其实践行动进行评估。

③ 南印度洋渔业协定的交叉渔船黑名单规定于2018年10月生效（CMM 2018-06）。因此，本书无法对其实践行动进行评估。

表 5.1 区域性渔业管理组织间的非法、未报告和无管制捕捞交叉渔船黑名单状况

交叉渔船黑名单↓	南方蓝鳍金枪鱼养护委员会	地中海渔业总理事会	美洲间热带金枪鱼委员会	国际大西洋金枪鱼养护委员会	印度洋金枪鱼委员会	西北大西洋渔业组织	东北大西洋渔业委员会	北太平洋渔业委员会	东南大西洋渔业组织	南印度洋渔业协定	南太平洋区域性渔业管理组织	中西太平洋渔业委员会	南极海洋生物资源养护委员会
地中海渔业总理事会													
美洲间热带金枪鱼委员会													
国际大西洋金枪鱼养护委员会													
印度洋金枪鱼委员会													
东北大西洋渔业委员会													
北太平洋渔业委员会													
东南大西洋渔业组织													
南印度洋渔业协定													
南太平洋区域性渔业管理组织													
中西太平洋渔业委员会													
南方蓝鳍金枪鱼养护委员会													

　　注：南方蓝鳍金枪鱼养护委员会（目前其非法、未报告和无管制捕捞渔船黑名单中不包含渔船信息）和西北大西洋渔业组织（目前仅交叉列出东北大西洋渔业委员会非法、未报告和无管制捕捞渔船黑名单）已从区域性渔业管理组织间交叉渔船黑名单中删除。▤▤▤表示实行交叉渔船黑名单规定或者承认其他区域性渔业管理组织的渔船黑名单。▨▨▨表示参考其他区域性渔业管理组织的渔船黑名单（网站上提供其他区域性渔业管理组织的渔船黑名单的链接）。▨▨▨表示不属于上述状况。

6

养护和管理措施的履约审查

区域性渔业管理组织①充分认识到，需要定期审查养护和管理措施以及数据提交要求的履约状况。履约审查过程（Compliance Review Processes）通过建立制裁的客观依据激励成员国遵守已通过的养护和管理措施。当履约审查发现违规行为时，实施制裁是进一步激励成员国履约的关键（Gilman and Kingma，2013[22]）。此外，成员国必须承担报告已查明的不履约行为和包括制裁在内的后续行动的义务，从而通过加强反面宣传以对成员国产生进一步的威慑影响。然而，区域性渔业管理组织的履约审查的程度和性质不同，发现不履约行为时使用的制裁方式不同，在公布发现的不履约行为和后续行动方面也不同（表 6.1）。

所有接受调查的区域性渔业管理组织都设立了专门的履约委员会（Compliance Committees，COC）②，负责审查缔约方和合作非缔约方是否遵守已通过的养护和管理措施。然而，在公布履约委员会审查结果方面，显然还有改进的余地。并非所有区域性渔业管理组织都公布详细的汇集所有成员国遵守养护和管理措施状况的年度履约审查报告。

---

① 例如，印度洋金枪鱼委员会的最新绩效评估建议"采用一种结构化的、综合的方法来评估每个成员国对生效的印度洋金枪鱼委员会决议的履约情况"（IOTC，2009[26]）。新成立的北太平洋渔业委员会的技术和履约委员会（Technical and Compliance Committee）也将履约监控系统（Compliance Monitoring System）的开发列为 2017—2020 年的优先事项。

② 或同等的履约审查机构。

区域性渔业管理组织打击非法、未报告和无管制捕捞行为的有效性和可信度也取决于其威慑机制的力度。在养护和管理措施中允许履约委员会实施适当的制裁,赋予区域性渔业管理组织对确认的不履约行为采取后续行动的权力。公开对不遵守养护和管理措施以及不满足提交数据要求行为的制裁,可以确保区域性渔业管理组织成员国之间的公平公正。

然而,区域性渔业管理组织很少使用制裁措施。只有少数区域性渔业管理组织规定,对不遵守已通过的养护和管理措施的成员国实施制裁。此外,即使有规定,执行和报告似乎也不是成系统的①。在调查的区域性渔业管理组织中,有一些良好的实践行动值得肯定。国际大西洋金枪鱼养护委员会禁止其成员国在不报告或不完整报告时捕捞部分或全部物种(Rec11-15)②。南方蓝鳍金枪鱼养护委员会要求成员国在次年以1:1的比例偿还其超额渔获量,并公布纠正行动的概要。然而,迄今为止,他们只报告了两次超额渔获量的偿还,这两次均针对澳大利亚(2012年和2014年)。南非、印度尼西亚和菲律宾未就查明的不履约事件偿还超额渔获量。几个区域性渔业管理组织认识到缺乏明确后续行动程序的不良影响,并表示需要进一步改进③。

---

① 例如,印度洋金枪鱼委员会第16/06号决议规定了对不履行报告义务的行为可以采取的措施,指明禁止缔约方和合作非缔约方不报告或不完整报告次年保留渔获量。但是,未有证据证明这些措施是针对不遵守数据提供要求的行为而采取的。

② 然而,对不符合国际大西洋金枪鱼养护委员会禁令的缔约方/合作非缔约方实施贸易制裁的规定(Rec 06-13)至今尚未使用(与国际大西洋金枪鱼养护委员会秘书处沟通获知)。

③ 例如,最近的一份《东南大西洋渔业组织绩效评估报告》(SEAFO,2016[27])指出,需要制定"在观察、检查、履约和执法系统下发现的不履约行为的后续行动程序,包括制定调查标准、报告程序、进展通告、奖励和(或)制裁以及其他执法行动"。

表 6.1　区域性渔业管理组织的履约审查、公开通告和制裁

区域性渔业管理组织	履约审查机构	履约审查——公开报告发现的不履约行为	制裁——条款和报告
南方蓝鳍金枪鱼养护委员会	自 2006 年以来,履约委员会每年召开一次会议,保证审查人员的专业性	缔约方和合作非缔约方确认的养护和管理措施不履约行为的概述,包括总可渔获量(Total Allowable Catch,TAC)中给各成员国的捕捞配额	采取的纠正措施的概述(写明超过捕捞配额的渔获量是否偿还)
地中海渔业总理事会	自 2007 年以来,履约委员会每年举行一次会议	履约委员会年度报告包括养护和管理措施实施状况和数据传输表	无
美洲间热带金枪鱼委员会	自 2000 年以来,履约工作组每年举行会议	没有履约报告(只公布了履约委员会会议的记录)	无
国际大西洋金枪鱼养护委员会	自 1996 年以来,履约委员会每年举行会议;履约委员会取代了 1982 年成立的违规委员会(Infractions Committee)	履约委员会年度报告包括养护和管理措施实施状况和数据传输表	禁止因未履行区域性渔业管理组织报告义务而保留渔获量;公开采取的纠正措施
印度洋金枪鱼委员会	自 2003 年以来,履约委员会每年举行会议	履约委员会年度报告包括养护和管理措施实施状况以及数据传输表	禁止因未履行区域性渔业管理组织报告义务而保留渔获量;没有关于纠正措施的报告
西北大西洋渔业组织	自 1979 年以来,国际控制常务委员会(Standing Committee on International Control)每年举行会议	年度履约审查(自 2004 年起)列出执行后续行动和制裁的养护和管理措施不履约事件;无数据传输表(仅汇总统计数据)	对超过捕捞配额的渔获量,采取纠正措施
东北大西洋渔业委员会	自 2016 年以来,监测和履约常务委员会(Permanent Committee on Monitoring and Compliance)每年举行会议	2019 年发布履约报告,详细说明养护和管理措施的实施情况以及缔约方、合作非缔约方对数据提交要求的履约情况	无
北太平洋渔业委员会	自 2016 年以来,技术和履约委员会每年举行会议	违规报告(第一期)待交付	因不履行区域性渔业管理组织报告义务而禁止参与北太平洋渔业委员会管理的渔业
东南大西洋渔业组织	自 2008 年以来,履约委员会每年举行一次会议	年度报告仅包括关于总可捕捞量的总体信息;没有数据传输表	无

续表

区域性渔业管理组织	履约审查机构	履约审查——公开报告发现的不履约行为	制裁——条款和报告
南印度洋渔业协定	自2017年以来,履约委员会每年举行一次会议	CMM 2018/11有关于履约报告的规定;2019年发布履约报告	纠正措施
南太平洋区域性渔业管理组织	自2016年以来,南太平洋渔业管理组织委员会通过了一份履约报告	《最终履约报告》(Final Compliance Report)确定了缔约方和合作非缔约方的养护和管理措施和数据提交要求的不履约情况(仅提供2016年的报告;2017年报告未发表)	无
中西太平洋渔业委员会	自2005年以来,技术和履约委员会每年举行会议	《最终履约报告》确定了缔约方和合作非缔约方的养护和管理措施以及数据提交要求的不履约情况(自2011年起)	无
南极海洋生物资源养护委员会	自2003年以来,执行和履约常务委员会(Standing Committee on Implementation and Compliance, SCIC)每年举行一次会议;执行和履约常务委员会取代了1988年成立的监察和检查常务委员会(Observation and Inspection, SCOI)	《南极海洋生物资源养护委员会履约报告》(CCAMLR Compliance Report)(年度会议报告附件)确认了缔约方和合作非缔约方的养护和管理措施(包括数据报告)的不履约情况	无

资料来源:详见附录A的表A.2。

参考文献

Allen, R., J. Joseph and D. Squires (2010), Conservation and Management [3]
of Transnational Tuna Fisheries, Blackwell Publishing, http://dx.doi.
org/10.1002/9780813820262.

Cabral, R. et al. (2018), "Rapid and lasting gains from solving illegal [5]
fishing", Nature Ecology & Evolution, Vol. 2, pp. 650-658, http://dx.doi.
org/10.1038/s41559-018-0499-1.

CCSBT (2008), Commission for the Conservation of Southern Bluefin Tuna: [18]
Report of the Independent Expert, Commission for the Conservation of
Southern Bluefin Tuna.

Ceo, M. et al. (2012), Performance Reviews by Regional Fishery Bodies: [16]
Introduction, summaries, synthesis and best practices; Volume I:
CCAMLR, CCSBT, ICCAT, IOTC, NAFO, NASCO, NEAFC, Food and
Agriculture Organization of the United Nations, Rome.

Fabra, A. et al. (2011), Closing the Gap: Comparing Tuna RFMO Port State [23]
Measures with the FAO Agreement on Port State Measures, The Pew
Environment Group.

FAO (2017), Voluntary Guidelines for Catch Documentation Schemes, Food [7]
and Agriculture Organization of the United Nations, http://www.fao.org/
fi/static-media/MeetingDocuments/CDS/TC2016/wpAnnex.pdf.

FAO (2001), International Plan of Action to Prevent, Deter, and Eliminate [11]
Illegal, Unreported and Unregulated Fishing (IPOA-IUU), Food and
Agriculture Organization of the United Nations, http://www.fao.org/3/
a-y1224e.pdf.

FATF/OECD (2014), FATF Guidance: Transparency and Beneficial [28]
Ownership, Financial Action Task Force, http://www.fatf-gafi.org/media/
fatf/documents/reports/Guidance-transparency-beneficial-ownership.pdf.

Gilman, E. and E. Kingma (2013), "Standard for assessing transparency [22]
in information on compliance with obligations of regional fisheries
management organizations: Validation through assessment of
the Western and Central Pacific Fisheries Commission", Ocean
& Coastal Management, Vol. 84, http://dx.doi.org/10.1016/
j.ocecoaman.2013.07.006.

ICCAT (2016), Report of the 2nd Independent Performance Review of [6]
ICCAT (2016), International Commission for the Conservation of Atlantic
Tunas.

ICCAT (2000), "Annex 5-11", in Report for Biennial Period, 1998-99 PART [14]
II (1999) - Vol. 1;, International Commission for the Conservation of
Atlantic Tunas.

INTERPOL (2013), "Norway requests first INTERPOL notice for illegal [25]
fishing", https://www.interpol.int/News-and-media/News/2013/PR104
(accessed on 2 March 2018).

IOTC (2009), Report of the IOTC Performance Review Panel, Indian Ocean [26]
Tuna Commission.

ISSF (2016), RFMO Catch Documentation Schemes: A Summary, [9]
International Seafood Sustainability Foundation.

Koehler, H. (2016), Promoting Compliance in Tuna RFMOS: A Survey [17]
of the Current Mechanics of Reviewing, Assessing and Addressing
Compliance with RFMO Obligations and Measures, and Identifictaion of
Best Practices, International Seafood Sustainability Foundation.

Lodge, M. et al. (2007), Recommended Best Practices for Regional Fisheries Management Organizations, The Royal Institute of International Affairs. [15]

Lövin, I. (2012), "Working document on the external dimension of the Common Fisheries Policy", Working document, European Parliament, Brussels. [13]

McDorman, T. (2005), "Implementing existing tools: Turning words into actions – decision-making processes of regional fisheries management organisations (RFMOs)", The International Journal of Marine and Coastal Law, Vol. 20/3, pp. 423-458, https://doi.org/10.1163/157180805775098595. [21]

Morrin, M. (2014), "Les procédures d'objections dans les organisations régionales de gestion des pêches: De la simple objection à une obligation interne de conciliation", Annuaire du droit de la mer, Vol. 19, pp. 155-176. [20]

Moss Adams LPP (2016), Inter-American Tropical Tuna Commission and Agreement on the International Dolphin Conservation Program – Performance Review, Moss Adams LLP. [19]

NAFO (2018), NAFO Performance Review Panel Report 2018, Northwest Atlantic Fisheries Organization. [24]

NPFC (2017), North Pacific Fisheries Commission Technical and Compliance Committee Work Plan, North Pacific Fisheries Commission. [10]

OECD (2005), Why Fish Piracy Persists: The Economics of Illegal, Unreported and Unregulated Fishing, OECD Publishing, Paris, http://dx.doi.org/10.1787/9789264010888-en. [4]

Schmidt, C. (2017), Issues and Options for Disciplines on Subsidies to Illegal, Unreported and Unregulated Fishing, International Centre for Trade and Sustainable Development. [12]

SEAFO (2016), Report of the Second Performance Review Panel, South East Atlantic Fisheries Organisation. [27]

SIOFA (2018), Report of the Fifth Meeting of the Parties to the Southern Indian Ocean Fisheries Agreement (SIOFA), Southern Indian Ocean Fisheries Agreement. [8]

UNCLOS (1982), United Nations Convention on the Law of the Sea, United Nations. [1]

UNFSA (1995), United Nations Conference on Straddling Fish Stocks and Highly Migratory Fish Stocks, United Nations, http://www.un.org/ depts/los/convention_agreements/convention_overview_fish_stocks.htm (accessed on March 2018). [2]

附录 A   评估方法

对区域性渔业管理组织的定量评估标准见表 A.1。根据"理由"列中包含的透明密钥(Transparent Key),每个被评估项被赋予最高 1 分的数值分数。对于每一个类别,分数被汇总为加权平均值,权重在列"W"中注明。最后的分数代表了打击非法、未报告和无管制捕捞行为的每一项措施的执行情况,分数以百分比的形式标注。

所有收集的关于区域性渔业管理组织的信息,以及"得分"栏中标注的评估结果,可在表 A.2 中查阅。

表 A.1 区域性渔业管理组织在区域层面打击非法、未报告和无管制捕捞行为
所采取的国际公认措施执行情况的评估标准

类别 （Category）	标准 （Criteria）	W	理由 （Justification）
监测、控制和监督最低标准 （MSC Minimum Standards）	授权渔船登记 （Registry of Authorised Vessels）	3	（1）规定：参考授权渔船登记记录（Reference to a document establishing a registry of authorised vessels） （2）规定：渔船的授权需要国际海事组织识别码（Authorisation of a vessel requires IMO number） （3）实践行动：登记信息向公众开放（官网上提供登记信息的链接）（Registry is available to the public（link to the registry））
	渔获登记制度 （Catch Documentation Scheme）	1	建立监测、控制和监督最低标准——提供可参考的相关养护和管理措施（MSC minimum standards established - provide reference to a relevant CMM）
	船舶监控系统 （Vessel Monitoring System）	2	（1）建立监测、控制和监督最低标准——提供可参考的相关养护和管理措施（MSC minimum standards established—provide reference to a relevant CMM） （2）船舶监控系统被集中管理，即船舶监控系统数据直接提交区域性渔业管理组织秘书处（VMS is centrally administered, i. e. VMS data is being fed directly to the RFMO's Secretariat）
	海上检查 （Inspections at Sea）	1	建立监测、控制和监督最低标准——提供可参考的相关养护和管理措施（如果空间有限则权重为 0.5）（MSC minimum standards established—provide reference to a relevant CMM（0.5 if spatially limited））
	观察员方案 （Observer Programme）	1	建立监测、控制和监督最低标准——提供可参考的相关养护和管理措施（或以船上履约监控为目的的替代措施，如船上摄像机）（如果观察员方案仅用于科学目的，则权重为 0.5）（MSC minimum standards established—provide reference to a relevant CMM（or alternative measure with the purpose of on-board monitoring for compliance, e. g. on-board cameras）（0.5 if observer program is established only for scientific purpose））
	转载监测方案 （Transhipment Monitoring Programme）	1	建立监测、控制和监督最低标准——提供可参考的相关养护和管理措施（MSC minimum standards established—provide reference to a relevant CMM）
	港口检查 （Inspections in Port）	1	建立监测、控制和监督最低标准——提供可参考的相关养护和管理措施（MSC minimum standards established—provide reference to a relevant CMM）

续表

类别 （Category）	标准 （Criteria）	W	理由 （Justification）
监测、控制和监督最低标准 （MSC Minimum Standards）	指定登陆港 （Designation of Landing Ports）	2	（1）规定：可参考的相关养护和管理措施（Reference to relevant CMM） （2）实践行动：公开指定登陆港的名单（官网上提供名单的链接）（List of designated ports is available to the public（link to the list））
非法、未报告和无管制捕捞渔船黑名单 （IUU Vessel Listing）	记录 （Document）	1	参考相关决议（Reference to a relevant resolution）
	链接 （Link）	—	官网提供非法、未报告和无管制捕捞渔船黑名单的链接（未评分，供参考）（Link to IUU vessel list（not scored, for information））
	覆盖范围 （Coverage）	1	非法、未报告和无管制捕捞渔船黑名单覆盖成员国（缔约方和合作非缔约方）和非成员国（IUU vessel list covers both members（CPs and CNCPs）non-members）
	证据 （Evidence）	1	（1）缔约方或合作非缔约方向秘书处提交非法、未报告和无管制捕捞活动的证据（如果仅是缔约方，则权重为 0.5）（Evidence of IUU activities delivered to the Secretariat by CP or CNCP（0.5 if CP only）.） （2）与秘书处有联系的其他非成员国家或实体向秘书处提交的非法、未报告和无管制捕捞活动的证据（Evidence of IUU activities delivered to the Secretariat by other external sources at the disposal of the Secretariat.）
	受益所有人 （BO）	1	收集相关决议中涉及的受益所有人信息（Collection of information on beneficial ownership considered in the relevant resolution）
	列出理由 （Listing Justification）	2	（1）规定：公布关于非法、未报告和无管制捕捞活动描述的规定（Provisions for publishing a description of the IUU activity available） （2）实践行动：非法、未报告和无管制捕捞渔船黑名单中包含非法、未报告和无管制捕捞活动的描述（Description of IUU activity available in the IUU vessel list）
	后续行动 （Follow-up）	4	（1）缔约方或合作非缔约方将对黑名单渔船所采取措施的信息（Information on measures to be applied by CP or CNCP to vessel listed in the relevant resolution） （2）在相关决议中具体提及的贸易措施（例如，禁止非法、未报告和无管制捕捞渔船渔获物进入贸易/进口）（Specific mention of trade measures（e.g. prohibition of trade/import of fish from IUU vessels）in the relevant resolution）

续表

类别 （Category）	标准 （Criteria）	W	理由 （Justification）
非法、未报告和无管制捕捞渔船黑名单 （IUU Vessel Listing）	后续行动 （Follow-up）	4	（3）关于对黑名单渔船实施制裁的信息（例如，公布的非法、未报告和无管制捕捞渔船黑名单上包含制裁信息）（Information on sanctions applied to listed vessels（e. g. included in the published IUU vessel list）） （4）制裁对悬挂其船旗的不履约渔船缺乏后续行动的船旗国（例如，罚款、剥夺配额或投票权、贸易措施等制裁措施）（Mandate to sanction the flag state for lack of follow-up on non-compliance of a vessel flying its flag（e. g. through fines, loss of quota or loss of voting rights, trade measures））
决策 （Decision-Making）	记录 （Document）	1	参考相关决议（Reference to a relevant resolution）
	表决 （Voting）	1	允许表决（如果决策过程是基于协商一致，则权重为0）（Voting is allowed（0 if decision-making process is based on consensus））
	反对程序 （Objection）	1	如果允许表决，则没有反对条款（如果决议允许对某项决定提出反对，则权重为0）（If voting is allowed, there are no provisions for objection（0 if the resolution allows for an objections of a decision））
	反对理由 （Justification of the Objection）	1	如果允许反对，则需要说明理由（或者不允许反对）（If objection is allowed, it requires justification（or if no objection is allowed））
	反对程序框架 （Framework of the Objection）	1	仅允许在特定框架内反对（或者不允许反对）（The objection is allowed only within certain framework（or if no objection is allowed））
	审查小组 （Review Panel）	1	提出反对后，必须成立一个审查小组。如果小组成立是自动的，则权重为1，如果小组是应缔约方要求建立的，则权重为0.5（或者不允许反对）（Objection is followed by an establishment of a review panel. 1 if establishment of a panel is automatic, 0.5 if panel is established at the request of a CP（or if no objection is allowed））
合作 （Cooperation）	合作 （Cooperation）	1	相关决议中关于与其他区域性渔业管理组织合作的规定（如果仅限于少数区域性渔业管理组织，则权重为0.5）（Provisions for cooperation with other RFMOs available in the relevant resolution（0.5 if limited to just few RFMOs））

类别 （Category）	标准 （Criteria）	W	理由 （Justification）
合作 （Cooperation）	交叉渔船黑名单 （Cross-listing）	2	（1）规定：在相关决议中制定与其他区域性渔业管理组织交叉渔船黑名单的规定（如果这些规定附有条件或有限制，则权重为 0.5）。（Provisions for cross-listing with other RFMOs established in the relevant resolution（0.5 if these provisions are conditional or limited.） （2）实践行动：非法、未报告和无管制捕捞渔船黑名单包括其他区域性渔业管理组织的渔船黑名单（如果官网提供其他区域性渔业管理组织非法、未报告和无管制捕捞渔船黑名单的链接，则权重为 0.5）。或者，通过决议自动认可其他区域性渔业管理组织非法、未报告和无管制捕捞渔船黑名单。（IUU vessel list includes entries from other RFMOs（0.5 if IUU lists of other RFMOs linked to the page）. Alternatively, other IUU vessel lists are automatically recognized following the relevant resolution）.
履约审查 （Compliance Review）	履约审查机构及相关文件 （Compliance Review Body and Related Documents）	1	关于定期审查缔约方和合作非缔约方养护和管理措施的履约状况，以及设立履约审查机构（如设立履约委员会）（Provisions for regular review of compliance with CMMs by CP/CNCP and establishment of compliance review body（e.g. Compliance Committee in place））
	概述（养护和管理措施的实施） （Summary（Implementation of CMMs））	1	缔约方和合作非缔约方核实的养护和管理措施不履约情况的概述（如果过期或自我报告，即由缔约方和合作非缔约方直接提交，则权重为 0.5）（Summary of identified non-compliance with CMMs by CP/CNCP（0.5 if out-of-date or self-reported, i.e. submitted directly by CPs/CNCPs））
	概述（数据收集） （Summary（Data Collection））	1	缔约方和合作非缔约方确认的数据提交要求不履约情况的概述（如果过期或自行报告，即由缔约方和合作非缔约方直接提交，则权重为 0.5）（Summary of identified non-compliance with data submission requirements by CP/CNCP（0.5 if out-of-date or self-reported, i.e. submitted directly by CPs/CNCPs））

类别 （Category）	标准 （Criteria）	W	理由 （Justification）
履约审查 （Compliance Review）	制裁 （Sanctions）	2	（1）对养护和管理措施及数据提交要求不履约的缔约方和合作非缔约方，有实施制裁的规定（Provisions to impose sanctions on CP/CNCP for non-compliance with CMMs and data submission requirements） （2）公开对缔约方和合作非缔约方养护和管理措施以及数据提交要求不履约的制裁（如罚款、剥夺配额和投票权、贸易措施等制裁措施）（Transparency on imposed sanctions for non-compliance with CMMs and data submission requirements by CP/CNCP（e. g. fines, lost quota, lost voting rights, trade measures））

表 A.2 区域性渔业管理组织在区域层面打击非法、未报告和无管制捕捞行为
所采取的国际公认措施执行情况

类别 （Category）	标准 （Criteria）	得分 （Sore）	理由 （Justification）
	南方蓝鳍金枪鱼养护委员会 （CCSBT）		
监测、控制和监督最低标准 （MSC Minimum Standards）	授权渔船登记 （Registry of Authorised Vessels）	3	（1）关于建立南方蓝鳍金枪鱼养护委员会授权捕捞南方蓝鳍金枪鱼渔船名单的决议（2015 年 10 月 1 日第 22 届年会修订）（Resolution on a CCSBT Record of Vessels Authorised to Fish for Southern Bluefin Tuna（revised at the Twenty-Seco-nd Annual Meeting: 15 October 2015）） （2）第 3 款（自 2017 年起）（Paragraph 3（from 2017）） （3）登记信息向公众开放 https://www.ccsbt.org/en/content/ccsbt-record-authorised-vessels）
	渔获登记制度 （Catch Documentation Scheme）	1	关于执行南方蓝鳍金枪鱼养护委员会渔获登记制度的决议（2014 年 10 月 16 日第 21 届年会修订）（Resolution on the Implementation of a CCSBT Catch Documentation Scheme（revised at the Twenty-First Annual meeting: 16 October 2014））
	船舶监控系统 （Vessel Monitoring System）	1	（1）关于建立南方蓝鳍金枪鱼养护委员会船舶监控系统的决议（2017 年）（Resolution on Establishing the CCSBT Vessel Monitoring System（2017）（权重 1） （2）包括由南方蓝鳍金枪鱼养护委员会各成员国独立管理的最低标准（权重 0）

类别 （Category）	标准 （Criteria）	得分 （Sore）	理由 （Justification）
监测、控制和监督最低标准 （MSC Minimum Standards）	海上检查 （Inspections at Sea）	0	
	观察员方案 （Observer Programme）	0.5	南方蓝鳍金枪鱼养护委员会科学观察员方案标准（2015 年修订）——仅用于科学目的（CCSBT Scientific Observer Program Standards（revised 2015）- for scientific purpose only）（权重 0.5）
	转载监测方案 （Transhipment Monitoring Programme）	1	关于建立南方蓝鳍金枪鱼养护委员会大型渔船转载方案的决议（2017 年）（Resolution on Establishing a Program for Transhipment by Large-Scale Fishing Vessels（2017））
	港口检查 （Inspections in Port）	1	关于制定南方蓝鳍金枪鱼养护委员会港口检查最低标准方案的决议（2017 年生效）（Resolution for a CCSBT Scheme for Minimum Standards for Inspection in Port（effective from 2017））
	指定登陆港 （Designation of Landing Ports）	2	（1）南方蓝鳍金枪鱼养护委员会港口检查最低标准方案的决议（Resolution for a CCSBT Scheme for Minimum Standards for Inspection in Port） （2）https://www.ccsbt.org/en/content/ccsbt-register-designated-ports-and-contacts
非法、未报告和无管制捕捞渔船黑名单 （IUU Vessel Listing）	记录 （Document）	1	建立南方蓝鳍金枪鱼养护委员会涉嫌涉足非法、未报告和无管制南方蓝鳍金枪鱼捕捞行为渔船黑名单的决议（2017 年 10 月 12 日第 24 次年会修订）（Resolution on Establishing a List of Vessels Presumed to have Carried Out Illegal,Unreported and Unregulated Fishing Activities For Southern Bluefin Tuna（SBT）（revised at the 24th Annual Meeting, 12 October 2017））
	链接 （Link）	–	https://www.ccsbt.org/en/content/iuu-vessel-lists（但迄今为止，南方蓝鳍金枪鱼养护委员会无渔船黑名单）
	覆盖范围 （Coverage）	1	第 1 款："在每一次年会上，扩展委员会将确认破坏《南方蓝鳍金枪鱼养护公约》效力、违反南方蓝鳍金枪鱼养护委员会现行有效养护和管理措施从事蓝鳍金枪鱼捕捞活动的渔船。……"（Paragraph 1："At each annual meeting, the Extended Commission will identify those vessels which have engaged in fishing activities for SBT in a manner which has undermined the effectiveness of the Convention and the CCSBT measures in force. [...]"）

续表

类别 （Category）	标准 （Criteria）	得分 （Sore）	理由 （Justification）
非法、未报告和无管制捕捞渔船黑名单 （IUU Vessel Listing）	证据 （Evidence）	2	（1）第3款："为实现本决议目的,特别是当一个缔约方或合作非缔约方提出记录得当的证据时,渔船将被认定为涉嫌涉足非法、未报告和无管制蓝鳍金枪鱼捕捞行为……"（Paragraph 3: "For the purposes of this Resolution, the vessels are presumed to have carried out SBT IUU fishing activities, inter alia,when a Member or CNM presents suitably documented evidence [...]" ） （2）第5（e）款："从港口国或实体获得的和（或）从渔场收集的、记录得当的任何其他信息。"（Paragraph 5e: "Any other information obtained from port States or entities and/or gathered from the fishing grounds that is suitably documented. " ）
	受益所有人 （BO）	1	附件3 "所有南方蓝鳍金枪鱼养护委员会非法、未报告和无管制捕捞渔船黑名单中应包含的信息"第3点："所有人/受益所有人（之前所有人,如果有）。"和所有人的注册地（如果有）（ANNEX III: Information to be Included in all CCSBT IUU Vessel Lists, point iii: "Owner/Beneficial Owner/s（previous owner/s, if any）,and owner's place of registration（if any）. " ）
	列出理由 （Listing Justification）	1	（1）附件3第9条："将渔船列入黑名单的合理理由概述,以及所有可作为相关参考的证明文件和证据。"（Annex Ⅲ（ix）: "Summary of the activities which justify inclusion of the vessel on the List, together with references to all relevant supporting documents and evidences. " ）（权重1） （2）尚无渔船黑名单的记录（No record of listed vessels）（权重1）
	后续行动 （Follow-up）	2	（1）第18款："缔约方和合作非缔约方应采取一切必要的非歧视性措施。"（Paragraph 18: "Members and CNMs shall take all necessary non-discriminatory measures. " ）（权重1） （2）第18（g）款："确保来自南方蓝鳍金枪鱼养护委员会非法、未报告和无管制捕捞行为渔船黑名单所列渔船的南方蓝鳍金枪鱼不被登陆、养殖、转载和（或）国际和（或）国内交易。"（Paragraph 18（g）: "Ensure that SBT from vessels included in the CCSBT IUU Vessel List are not landed, farmed, transhipped and/or traded internationally and and/or domestically. " ）（权重1） （3）无（权重0） （4）无（权重0）

续表

类别 （Category）	标准 （Criteria）	得分 （Sore）	理由 （Justification）
决策 （Decision- Making）	记录 （Document）	1	《南方蓝鳍金枪鱼养护公约》（Convention for the Conservation of Southern Bluefin Tuna）（1994 年 5 月 20 日生效）（Convention for the Conservation of Southern Bluefin Tuna（entered into force on 20 May 1994）） 《南方蓝鳍金枪鱼养护委员会议事规则》（2017 年 10 月更新）（Rules of Procedure of the Commission for the Conservation of Southern Bluefin Tuna；（Updated October 2017））
	表决 （Voting）	0	第 7 条："每个缔约方在委员会应有一票表决权。委员会的决定应由出席委员会会议的缔约方协商一致表决作出。"（Article 7："Each Party shall have one vote in the Commission. Decisions of the Commission shall be taken by a unanimous vote of the Parties present at the Commission meeting."）
	反对程序 （Objection）	0	无（NA）
	反对理由 （Justification of the Objection）	0	无（NA）
	反对程序框架 （Framework of the Objection）	0	无（NA）
	审查小组 （Review Panel）	0	无（NA）
合作 （Coopera- tion）	合作 （Cooperation）	1	《关于非法、未报告和无管制捕捞行为渔船黑名单的养护和管理措施》第 19 款："……执行秘书把南方蓝鳍金枪鱼养护委员会非法、未报告和无管制捕捞渔船黑名单转交给合适的区域性渔业组织，目的是加强南方蓝鳍金枪鱼养护委员会与这些组织之间的合作，以防止、阻止和消除非法、未报告和无管制捕捞行为。"（CMM on IUU vessel list, par 19："[…] the Executive Secretary will transmit the CCSBT IUU Vessel List to appropriate regional fisheries organisations for the purposes of enhanced cooperation between CCSBT and these organisations in order to prevent, deter and eliminate IUU fishing."）

类别 （Category）	标准 （Criteria）	得分 （Sore）	理由 （Justification）
合作 （Coopera- tion）	交叉渔船黑 名单 （Cross-listing）	1	（1）《关于非法、未报告和无管制捕捞行为渔船黑名单的养护和管理措施》第 20 款："扩展委员会可根据扩展委员会商定的具体情况，考虑将非法、未报告和无管制捕捞渔船黑名单与所有其他金枪鱼区域性渔业管理组织和相关组织交叉互列。"（CMM on IUU vessel list, par 20: "The Extended Commission may consider cross-listing IUU vessel lists with all other tuna Regional Fisheries Management Organisations and relevant organisations on a case by case basis as agreed by the Extended Commission. "）（权重 0.5） （2）官网提供其他区域性渔业管理组织的链接（https://www.ccsbt.org/en/content/iuu-vessel-lists）（权重 0.5）
履约审查 （Compliance Review）	履约审查机构及相关 文件 （Compliance Review Body and Related Documents）	1	自 2006 年以来，履约委员会每年举行会议（https://www.ccsbt.org/en/content/reports-past-meetings）；《纠正措施政策》（2016 年）规定公布未履约数据和制裁措施；南方蓝鳍金枪鱼养护委员会公布概述文件《南方蓝鳍金枪鱼的全球总可渔获量国家分配的不履约行为》；独立审计员每年对 1—2 名成员国进行质量保证审查（Quality Assurance Review），以评估成员国管理系统在承担南方蓝鳍金枪鱼养护委员会义务方面的运作情况，并就需要改进的地方提出建议；秘书处提供南方蓝鳍金枪鱼养护委员会措施的履约年度报告（按要求提供）。（Compliance Committee gathers annually since 2006（https://www.ccsbt.org/en/content/reports-past-meetings）；The Corrective Action Policy（2016）regulates publicizing non-compliance data and sanctions; CCSBT publishes summary document "Non-compliance with National Allocations of the global TAC for Southern Bluefin Tuna"; Quality Assurance Review of 1-2 Members each year by independent auditor to assess how well Members' management systems function with respect to their CCSBT obligations and to provide recommendations on where improvement is needed; Annual report by Secretariat on Compliance with CCSBT Measures（available on request）. ）
	概述（养护和管理措施 的实施） （Summary（Imple- mentation of CMMs））	1	缔约方和合作非缔约方发现的总可渔获量国家分配的不履约行为（Non-compliance with national allocations of TAC identified by CPs and CNCPs）

类别 （Category）	标准 （Criteria）	得分 （Sore）	理由 （Justification）
履约审查 （Compliance Review）	概述（数据收集） （Summary（Data Collection））	1	遵守南方蓝鳍金枪鱼养护委员会管理措施文件 （CCSBT-CC/1710/04）关于提交每月渔获量报 告的规定，该报告可根据索取提供（Compliance with submission of monthly catch reports available in compliance with CCSBT Management Measures document（CCSBT-CC/1710/04），which is available upon request）
	制裁 （Sanctions）	2	（1）《纠正措施政策》（上次更新于 2018 年）给出 了执行纠正措施的指导方针（The Corrective Action Policy（last updated in 2018）gives guidelines for corrective actions） （2）纠正措施的概述可根据索取提供（Summary of corrective actions available）
地中海渔业总理事会 （GFCM）			
监测、控制和 监督最低 标准 （MSC Minimum Standards）	授权渔船登记 （Registry of Authorised Vessels）	2	（1）关于建立地中海渔业总理事会区域船队登记 制度的建议（GFCM/33/2009/5）（Recommendation GFCM/33/2009/5 on the establishment of the GFCM regional fleet register）（权重 1） （2）关于使用国际海事组织识别码的决议 （GFCM/41/2017/6）（Resolution GFCM/41/2017/6 on the app-lication of an International Maritime Organization number（from 2019）；optional under GFCM/33/2009/5）（权重 0） （3）http：//www. fao. org/gfcm/data/fleet-avl/en/ （权重 1）
	渔获登记制度 （Catch Documentation Scheme）	0	仅限于渔获量报告标准——关于建立地中海渔业 总理事会捕捞日志的建议，GFCM/34/2010/1 建 议的修正建议（Limited to catch reporting standards- Recommendation GFCM/35/2011/1 concerning the establishment of a GFCM logbook, amending Recommendation GFCM/34/2010/1）
	船舶监控系统 （Vessel Monitoring System）	1	（1）关于建立地中海渔业总理事会管辖区域 内船舶监控系统和相关控制系统指南的决议 （GFCM/38/2014/1）（Resolution GFCM/38/2014/1 on Guidelines on VMS and related control systems in the GFCM area of competence）（权重 1）

续表

类别 （Category）	标准 （Criteria）	得分 （Sore）	理由 （Justification）
监测、控制和监督最低标准 （MSC Minimum Standards）	船舶监控系统 （Vessel Monitoring System）		（2）GFCM/38/2014/1 号决议第 6 款："……地中海渔业总理事会秘书处将建立一个中央船舶监控系统，该系统将发挥多方面的作用……"地中海渔业总理事会秘书处对此作了如下解释：（a）已经建立了渔业监测中心的国家将能够从相关收发供应商的网关接收监测系统数据，从而成为通过国家监测信息技术平台处理此类信息的第一方，可以根据现有的区域标准向区域船舶监控系统转发实时或延迟数据；（b）还未建立渔业监测中心的成员国可以在各渔船上安装收发机，在这种情况下，区域性船舶监控系统将检索本国的转发器数据，处理相关信息，并向缔约方和合作非缔约方提供在线咨询。这意味着，数据仍然可以被缔约方和合作非缔约方处理。（Res GFCM/38/2014/1, par 6: "[...] the GFCM Secretariat will establish a central VMS that will play a multi-facctcd role [...]" This has been explained by the GFCM Secretariat in the following way: (a) Countries with a FMC in place shall be in the position to receive VMS data from relevant transponder providers' gateways, thus being the first party to process such information through national monitoring IT platforms. These will be able to relay either real-time or deferred data to the regional VMS in line with regional standards in place; (b) Countries still devoid of a FMC will be able to install transponder units on respective fleets: in this case, the regional VMS will retrieve transponder data in their native formats, process relevant information and provide such CP/CNCPs with online consultation means. This implies that data can be still processed by CP/CNCP. ）（权重 0）
	海上检查 （Inspections at Sea）	0.5	关于开展西西里海峡（Strait of Sicily）国家管辖水域外的国际联合检查和监督计划的建议（GFCM/41/2017/8）（地理分区 12 至 16）；在与地中海渔业总理事会秘书处沟通获知，未来可能会采用更多的计划（区域和次区域计划）——在有限区域内（Recommendation GFCM/41/2017/8 on an international joint inspection and surveillance scheme outside the waters under national jurisdiction in the Strait of Sicily (geographical subareas 12 to 16; following the communication with the GFCM Secretariat, more schemes could be adopted in the future (both regional and sub-regional schemes) - limited area)（权重 0.5）

类别 （Category）	标准 （Criteria）	得分 （Sore）	理由 （Justification）
监测、控制和监督最低标准 （MSC Minimum Standards）	观察员方案 （Observer Programme）	0	关于打击地中海渔业总理事会管辖区域内非法、未报告和无管制捕捞行为的区域行动计划的地中海渔业总理事会建议草案（Draft GFCM Recommendation on a Regional Plan of Action to Combat Illegal, Unreported and Unregulated Fishing in the GFCM Area of Application）第 9 条提到观察员，但没有给出适当措施。（Art 9 of the draft GFCM Recommendation on a regional plan of action to combat illegal, unreported and unregulated fishing in the GFCM area of application mentions observers, but no measures in place. ）
	转载监测方案 （Transhipment Monitoring Programme）	1	关于建立大型延绳钓渔船转载方案的建议（05-06）（Recommendation ［05-06］ Establishing a Programme for transhipment by large-scale longline fishing vessels）（GFCM/2006/8（C））
	港口检查 （Inspections in Port）	1	关于港口国打击适用于地中海渔业总理事会区域非法、未报告和无管制捕捞行为措施的计划（GFCM/40/2016/1）（Rec. GFCM/40/2016/1 on a regional scheme on port State measures to combat illegal, unreported and unregulated fishing activities in the GFCM area of application）
	指定登陆港 （Designation of Landing Ports）	2	关于打击地中海渔业总理事会管辖区域非法、未报告和无管制捕捞行为的港口国措施区域行动计划的地中海渔业总理事会建议（Rec. GFCM/40/2016/1）（Rec. GFCM/40/2016/1 on a regional scheme on port State measures to combat illegal, unreported and unregulated fishing activities in the GFCM area of application） http://www. fao. org/gfcm/data/portsRec
非法、未报告和无管制捕捞渔船黑名单 （IUU Vessel Listing）	记录 （Document）	1	关于建立地中海渔业总理事会管辖区域涉嫌开展非法、未报告和无管制捕捞行为的渔船黑名单的建议，废除 GFCM/30/2006/4 号建议（Recommendation GFCM/33/2009/8 on the establishment of a list of vessels presumed to have carried out IUU fishing in the GFCM area of application repealing Recommendation GFCM/30/2006/4）
	链接 （Link）	－	http://www. fao. org/gfcm/data/fleet-iuu-vessel-list/en/

类别 （Category）	标准 （Criteria）	得分 （Sore）	理由 （Justification）
非法、未报告和无管制捕捞渔船黑名单 （IUU Vessel Listing）	覆盖范围 （Coverage）	1	第 1 款："为了达到本建议的目的，如若悬挂非缔约方、缔约方或合作非缔约方船旗的渔船涉嫌在地中海渔业总理事会管辖区域开展非法、未报告和无管制捕捞行为……"（Par 1: "For the purpose of this recommendation, the fishing vessels flying the flag of a non-contracting party, contracting party or cooperating non-contracting party are presumed to have carried out IUU fishing activities in the GFCM area of application [...]" ）
	证据 （Evidence）	1	（1）第 1 款："……缔约方或合作非缔约方提出证据……"；第 3 款："缔约方或合作非缔约方应每年向地中海渔业总理事会执行秘书通报……信息……"（Par 1: "[...] contracting party or cooperating non-contracting party（CPC） presents evidence [...]"; Par 3: "CPCs shall transmit every year to the GFCM executive secretary [...] information [...]" ）（权重 1） （2）第 4 款："根据第 3 款规定所收到的信息，地中海渔业总理事会执行秘书应起草一份非法、未报告和无管制捕捞渔船黑名单草件。"（Par 4: "On the basis of the information received pursuant to paragraph 3, the GFCM Executive Secretary shall draw up a draft IUU vessel list. " ）（权重 0）
	受益所有人 （BO）	1	所有非法、未报告和无管制捕捞渔船黑名单中应包括的信息：第 3 点"渔船所有人和之前所有人的姓名和地址，包括受益所有人和所有人的注册地"。（Information to be included in all IUU vessel lists: point 3 "Name and address of owner(s) of vessel and previous owner(s), including beneficial owner(s), and owner's place of registration". ）
	列出理由 （Listing Justification）	1	（1）附件 1（9）："将渔船列入非法、未报告和无管制捕捞渔船黑名单的捕捞活动概述，以及所有相关证据的参考资料。"（Annex 1(9): "Summary of activities which justify in-clusion of the vessel on the IUU vessel list, together with references to all relevant evidence. " ）（权重 1） （2）非法、未报告和无管制捕捞渔船名单没有关于非法、未报告和无管制捕捞活动的描述（No description of IUU activity available in the IUU vessel list）（权重 0）

类别 （Category）	标准 （Criteria）	得分 （Sore）	理由 （Justification）
非法、未报告和无管制捕捞渔船黑名单 （IUU Vessel Listing）	后续行动 （Follow-up）	2	（1）第 12（b）款："采取一切必要措施,消除相关的非法、未报告和无管制捕捞行为,包括酌情取消这些渔船的登记和（或）捕捞许可证,并向地中海渔业总理事会秘书处通报所采取的措施。"（Paragraph 12（b）："take all necessary measures to eliminate the relevant IUU fishing activities including, as appropriate, the cancellation of the registration and/or the fishing license（s） of these vessels, and inform the GFCM Secretariat of the measures taken. "）（权重 1） （2）第 14（d）款："禁止从非法、未报告和无管制捕捞渔船黑名单所列渔船进口或登陆和（或）转载任何渔获。"（Paragraph 14（d）："prohibit the imports, or landing and/or transhipment, of any fish from vessels included in the IUU vessel list. "）（权重 1） （3）无（权重 0） （4）无（权重 0）
决策 （Decision-Making）	记录 （Document）	1	《设立地中海渔业总理事会协定》（Agreement for the Establishment of the General Fisheries Commission for the Mediterranean）（2014 年第 4 版修订）（Agreement for the Establishment of the General Fisheries Commission for the Mediterranean（fourth amendment 2014））
	表决 （Voting）	1	第 13 条第 1 款："第 8（b）条款所指的建议应由出席并参加表决的三分之二地中海渔业总理事会缔约方多数通过。……"（Article 13（1）："The recommendations referred to in Article 8（b）, shall be adopted by a two-thirds majority of the Contracting Parties of the Commission present and voting. [...]"）
	反对程序 （Objection）	0	第 13 条第 3 款："地中海渔业总理事会的任何缔约方可在建议通知之日起 120 天内反对该建议,在这种情况下,该缔约方无需执行该建议。……"（Article 13（3）："Any Contracting Party of the Commission may, within one hundred and twenty days from the date of notification of a recommendation, object to it and, in that event, shall not be under obligation to give effect to that recommendation. [...]"）

类别 （Category）	标准 （Criteria）	得分 （Sore）	理由 （Justification）
决策 （Decision-Making）	反对理由 （Justification of the Objection）	1	第 13 条第 3 款："……反对应包括对反对理由的书面说明，并酌情包括替代措施的建议。……"（Article 13（3）："[...] The objection should include a written explanation of reasons for objecting, and where appropriate, proposals for alternative measures. [...]"）
	反对程序框架 （Framework of the Objection）	0	未规定
	审查小组 （Review Panel）	0	未规定
合作 （Cooperation）	合作 （Cooperation）	1	GFCM/33/2009/8 第 15 款："……地中海渔业总理事会执行秘书应酌情将非法、未报告和无管制捕捞渔船黑名单通报给其他区域性渔业机构，加强地中海渔业总理事会与这些组织之间的合作，以防止、阻止和消除非法、无管制和未报告捕捞行为。"（GFCM/33/2009/8, par 15 "[...] The GFCM Executive Secretary shall transmit the IUU vessel list to other regional fishery bodies as appropriate for the purpose of enhanced cooperation between the GFCM and these organizations in order to prevent, deter and eliminate IUU fishing. "）
	交叉渔船黑名单 （Cross-listing）	1.5	（1）GFCM/33/2009/8 第 16 款："地中海渔业总理事会执行秘书在收到另一个区域性渔业管理组织通过的非法、未报告和无管制捕捞渔船黑名单以及关于此类黑名单的任何信息后，应向缔约方通报此信息，并确保信息出现在地中海渔业总理事会网站上。如若从黑名单中增加或删除渔船，该渔船也应酌情在地中海渔业总理事会非法、未报告和无管制捕捞渔船黑名单中增加或删除，除非任何缔约方或合作非缔约方反对。"（GFCM/33/2009/8, par 15 "[...] The GFCM Executive Secretary shall transmit the IUU vessel list to other regional fishery bodies as appropriate for the purpose of enhanced cooperation between the GFCM and these organizations in order to prevent, deter and eliminate IUU fishing. "）（权重 0.5） （2）非法、未报告和无管制捕捞渔船黑名单包含其他区域性渔业管理组织的黑名单记录（IUU vessel list includes entries from other RFMOs）（权重 1）

类别 （Category）	标准 （Criteria）	得分 （Sore）	理由 （Justification）
履约审查 （Compliance Review）	履约审查机构及相关 文件 （Compliance Review Body and Related Documents）	1	自 2007 年以来,履约委员会每年举行一次会议。 最新年度报告:履约委员会第 11 届会议于 2017 年 6 月 29 日至 30 日在意大利罗马举行;最新的年 度报告"履约委员会第 11 届会议报告"（Report of the Eleventh Session of the Compliance Committee） （Compliance Committee gathers annually since 2007 （http：//www. fao. org/gfcm/meetings/en/）; latest annual report available: Report of the eleventh session of the Compliance Committee Rome, Italy, 29-30 June 2017）
	概述（养护和管理措施 的实施） （Summary （Implementation of CMMs））	1	年度履约报告中包含地中海渔业总理事会决策执 行情况（Status of implementation of GFCM decisions in the annual compliance report）
	概述（数据 收集） （Summary（Data Collection））	1	年度履约报告包含数据通报表（Data transmission table in the annual compliance report）
	制裁 （Sanctions）	0	（1）无 （2）无
美洲间热带金枪鱼委员会 （IATTC）			
监测、控制和 监督最低 标准 （MSC Minimum Standards）	授权渔船登记 （Registry of Authorised Vessels）	3	（1）区域性船舶登记决议（C-14-01）（经修订） （Resolution C-14-01（Amended）on a Regional Vessel Register） （2）第 2（p）款（自2016年起）（Paragraph 2（p）（from 2016）） （3）登记信息向公众开放（https：//www. iattc. org/ VesselRegi ster/VesselList. aspx?List=RegVessels&Lang=ENG） （Registry is available to the public
	渔获登记制度 （Catch Documentation scheme）	0. 5	关于制定美洲间热带金枪鱼委员会大眼金枪鱼 统计记录计划的决议（C-03-01）是唯一的相关措 施（ISSF, 2016[9]）（The IATTC Bigeye Statistical Documentation Program（Resolution C-03-01）is the only related measure）（权重 0. 5）

类别 （Category）	标准 （Criteria）	得分 （Sore）	理由 （Justification）
监测、控制和监督最低标准 （MSC Minimum Standards）	船舶监控系统 （Vessel Monitoring System）	1	（1）关于建立渔船监测系统的决议（C-14-02）（经修订）（自 2016 年起）（Resolution C-14-02（Amended）on the Establishment of a Vessel Monitoring System（VMS）（since 2016））（权重 1） （2）C-14-02 号决议第 2（b）款：“在上述第 2（a）款中提及的信息应由船旗国渔业监测中心至少每 4 小时收集一次延绳钓渔船信息，其他渔船则每 2 小时收集一次。”（Res C-14-02, par 2（b）：“The information in paragraph 2. a）above shall be collected at least every four hours for longliners and two hours for other vessels by the land-based Fisheries Monitoring Centre（FMC）of the flag CPC.”）（权重 0）
	海上检查 （Inspections at Sea）	0	2016 年提出的措施提案（关于登临和检查程序提案 IATTC-90 H-1 修订版 1），但被撤回（Measure proposed in 2016（Proposal IATTC-90 H-1 Rev. 1 on Resolution on Boarding and Inspection Procedures）,but withdrawn）
	观察员方案 （Observer Programme）	0.5	关于延绳钓渔船科学观察员的决议——仅用于科学目的（C-11-08）（Resolution C-11-08 on Scientific Observers for Longline Vessels-for scientific purpose only）（权重 0.5）
	转载监测方案 （Transhipment Monitoring Programme）	1	关于建立大型渔船转载计划的第 C-11-09 号决议的修订决议（C-12-07）（Resolution C-12-07 amendment to resolution C-11-09 on establishing a program for transhipment by large-scale fishing vessels）
	港口检查 （Inspections in Port）	0	无（Fabra et al., 2011[23]）；迄今为止，没有关于港口检查的新措施（Not in place（Fabra et al., 2011[23]）；no new measures on port inspections found to this date）
	指定登陆港 （Designation of Landing Ports）	0	（1）美洲间金枪鱼委员会没有规定为渔船指定登陆港的义务（Fabra et al., 2011[23]）；无指定登陆港的新措施（IATTC has not include any obligation for port States to designate ports for entry of vessels（Fabra et al., 2011[23]）；no new measures on designation of landing ports found） （2）无指定登陆港的名单（List not available）

类别 （Category）	标准 （Criteria）	得分 （Sore）	理由 （Justification）
非法、未报告和无管制捕捞渔船黑名单 （IUU Vessel Listing）	记录 （Document）	1	关于建立东太平洋涉嫌非法、未报告和无管制捕捞渔船黑名单的决议修订（C-15-01）（Resolution C-15-01: Amendment to Resolution C-05-07 on Establishing a List of Vessels Presumed to Have Carried Out Illegal, Unreported and Unregulated Fishing Activities in the Eastern Pacific Ocean）
	链接 （Link）	—	https://www. iattc. org//VesselRegister/IUU. aspx?Lang=en
	覆盖范围 （Coverage）	1	第 1 款："在每一次年会上，委员会应确认在公约管辖区域以损害公约和美洲间热带金枪鱼委员会养护和管理措施效力的方式捕捞公约涵盖物种的渔船……"（Paragraph 1: "At each Annual Meeting, the Commission shall identify those vessels that have participated in fishing activities for species covered by the IATTC Convention in the Convention Area in a manner that undermines the effectiveness of the Convention and the IATTC Conservation measures in force [...]"）
	证据 （Evidence）	2	（1）第 3 款："……如果缔约方或合作非缔约方提交了适当的证明文件，在美洲间热带金枪鱼委员会公约区域捕捞公约所涵盖物种的渔船则被认为涉嫌开展了非法、未报告和无管制捕捞行为……"（Paragraph 3: "[...] vessels fishing for species covered by the IATTC Convention within the IATTC Convention Area are presumed to have carried out IUU fishing activities when an IATTC Member or cooperating non-Member（collectively "CPCs"）presents suitably document information [...]"） （2）第 6 款："根据第 4 款所述及的收到的资料，以及所掌握的任何其他记录得当的资料，委员会主任应起草美洲间热带金枪鱼委员会非法、未报告和无管制捕捞渔船黑名单草件……"（Paragraph 6: "On the basis of the information received pursuant to paragraph 4, and any other suitably documented information at his disposal, the Director shall draw up a draft IATTC IUU Vessel List [...]"）

类别 （Category）	标准 （Criteria）	得分 （Sore）	理由 （Justification）
非法、未报告 和无管制捕 捞渔船黑 名单 （IUU Vessel Listing）	受益所有人 （BO）	1	第 7（iii）款："船舶所有人和之前所有人的姓名和地址，包括受益所有人（如果有的话）以及所有人的注册地；"（Paragraph 7（iii）："Name and address of owner of vessel and previous owners, including beneficial owners, if any, and owner's place of registration；"）
	列出理由 （Listing Justification）	2	（1）附件 A：B. 被控非法、未报告和无管制捕捞活动的详细情况（Annex A：B. Details of Alleged IUU Activity） （2）渔船黑名单中包含非法、未报告和无管制捕捞活动的描述（Description of IUU activity available in the IUU vessel list）
	后续行动 （Follow-up）	2	（1）第 15 款："一旦委员会通过美洲间热带金枪鱼委员会非法、未报告和无管制捕捞渔船黑名单，如果非法、未报告和无管制捕捞渔船黑名单上渔船的船旗国是非成员国，委员会需要求这些国家采取一切必要措施，消除这些非法、未报告和无管制捕捞行为，包括在必要时撤销这些渔船的登记或捕捞许可证，并向委员会通报对此采取的措施。委员会主任必须要求每一名在最终黑名单上有渔船的缔约方和非缔约方，需通知船东其渔船被列入黑名单，并告知他们被列入黑名单的后果。"（Paragraph 15："Once the IATTC IUU Vessel List is adopted by the Commission, the Commission shall ask non-Members with vessels on the IATTC IUU Vessel List to take all the necessary measures to eliminate these IUU fishing activities, including, if necessary, the withdrawal of the registration or the fishing licenses of these vessels, and to inform the Commission of the measures taken in this respect. The Director shall ask each CPC and non-CPC with vessels on the Final IUU List to notify the owners of the vessels of their inclusion in the list and of the consequences of the vessels being included in the IATTC IUU list. "）（权重 1）

类别 （Category）	标准 （Criteria）	得分 （Sore）	理由 （Justification）
非法、未报告和无管制捕捞渔船黑名单 （IUU Vessel Listing）	后续行动 （Follow-up）		（2）第 16（f）款："禁止与美洲间热带金枪鱼委员会非法、未报告和无管制捕捞渔船黑名单上的渔船进行商业交易、进口、卸货和／或转载公约涵盖的物种。"（Paragraph 16 货物（f）："prohibit commercial transactions1, imports, landings and/or transhipment of species covered by the IATTC Convention from vessels on the IATTC IUU Vessel List；"）（权重 1） （3）无（权重 0） （4）无（权重 0）
决策 （Decision-Making）	记录 （Document）	1	《加强 1949 年由美国和哥斯达黎加共和国设立的美洲间热带金枪鱼委员会的美洲间热带金枪鱼委员会公约》（Inter-American Tropical Tuna Commission Convention for the Strengthening of the Inter-American Tropical Tuna Commission Established by the 1949 Convention between the United States of America and the Republic of Costa Rica)（《安提瓜公约》（Antigua Convention))
	表决 （Voting）	0	第 9 条第 1 款："除非另有规定,委员会根据本公约第 8 条在会议上作出的所有决定应由出席有关会议的对决定有疑问的委员会成员国协商一致作出。"（Article IX（1）："Unless provided otherwise, all decisions made by the Commission at meetings convened pursuant to Article VIII of this Convention shall be by consensus of members of the Commission present at the meeting in question. " ） "协商一致的治理模式会有一定局限性——会影响委员会决策能力。"（Moss Adams LPP, 2016[19]）（ "The consensus model of governance has limitations that impact the Commission's decision-making ability. " (Moss Adams LPP, 2016[19]))
	反对程序 （Objection）	0	无（NA）
	反对理由 （Justification of the Objection）	0	无（NA）

类别 （Category）	标准 （Criteria）	得分 （Sore）	理由 （Justification）
决策 （Decision- Making）	反对程序框架 （Framework of the Objection）	0	无（NA）
	审查小组 （Review Panel）	0	无（NA）
合作 （Coopera- tion）	合作 （Cooperation）	1	C-15-01 号决议第 17 款：“此外，委员会主任应尽快将美洲间热带金枪鱼委员会非法、未报告和无管制捕捞渔船黑名单通报给其他区域性渔业管理组织，以加强美洲间热带金枪鱼委员会与这些组织之间的合作，以防止、阻止和消除非法、未报告和无管制捕捞行为。”(C-15-01)（Res C-15-01, par 17: "Furthermore, the Director shall transmit the IATTC IUU Vessel List as soon as possible to other regional fisheries management organizations （RFMOs） for the purposes of enhancing cooperation between the IATTC and these organizations aimed at preventing, deterring and eliminating IUU fishing. " ）
	交叉渔船黑 名单 （Cross-listing）	0.5	（1）C-15-01 号决议第 18 款：“在收到另一个管理金枪鱼或类金枪鱼物种的区域性渔业管理组织确认的、最终的非法、未报告和无管制捕捞渔船黑名单和该组织的支持性证据资料以及关于确定名单的任何其他证据资料后，委员会主任应将这些信息通报给缔约方和合作非缔约方。”（没有交叉黑名单的规定)（C-15-01)（Res C-15-01, par 18: "Upon receipt of the final IUU vessel list established by another RFMO managing tuna or tuna-like species and supporting information considered by that RFMO, and any other information regarding the listing determination, the Director shall circulate this information to the CPCs. " （no provisions for cross-listing)）（权重 0） （2）官网提供其他区域性渔业管理组织的链接（https://www.iattc.org/Otras-INN-listas-Other-IUU-list.htm)（权重 0.5）

续表

类别 （Category）	标准 （Criteria）	得分 （Sore）	理由 （Justification）
履约审查 （Compliance Review）	履约审查机构及相关记录 （Compliance Review Body and Related Documents）	1	自 2000 年以来,履约工作组每年举行会议（https://www.iattc.org/Minutes/IATTC-AIDCP-Minutes-ReportsENG.htm）;仅公布会议记录;注:美洲间热带金枪鱼委员会成立了履约委员会,但根据委员会提供的信息,尚不清楚该委员会采取什么行动。（Moss Adams LPP, 2016[19]）（Working Group on Compliance gathers annually since 2000（https://www.iattc.org/Minutes/IATTC-AIDCP-Minutes-ReportsENG.htm）; it publishes only minutes of the meetings; Note: the IATTC has established a Compliance Committee, but it is unclear what action the Commission has directed based on information provided by the Committee（Moss Adams LPP, 2016[19]）.）
	概述(养护和管理措施的执行情况) （Summary (Implementation of CMMs)）	0	无履约报告
	概述(数据收集情况) （Summary (Data Collection)）	0	无履约报告
	制裁 （Sanctions）	0	(1)无 (2)无
国际大西洋金枪鱼养护委员会 （ICCAT）			
监测、控制和监督最低标准 （MSC Minimum Standards）	授权渔船登记 （Registry of Authorised Vessels）	3	(1)关于建立国际大西洋金枪鱼养护委员会授权总长度 20 米及以上在公约管辖区域内作业渔船名单的建议(Rec 13-13)(在 Rec13-13, Rec13-14, Rec14-04, Rec14-10, Rec16-01, Rec16-03, Rec16-04, Rec16-05, Rec16-06, Rec16-07, Rec16-15 建议中有附加规定)(Rec 13-13 Concerning the Establishment of an ICCAT Record of Vessels 20 Meters in Length Overall or Greater Authorised to Operate in the Convention Area (Additional provisions in Rec. 13-14, Rec. 14-04, Rec 14-10, Rec 16-01, Rec 16-03, Rec 16-04, Rec. 16-05, Rec 16-06, Rec 16-07, Rec 16-15)) (2)Rec13-13 第 5 (bis)款(自 2016 年起)(Rec 13-13, Par 5bis (from 2016))

类别 （Category）	标准 （Criteria）	得分 （Sore）	理由 （Justification）
监测、控制和监督最低标准 （MSC Minimum Standards）	授权渔船登记 （Registry of Authorised Vessels）	3	（3）登记信息向公众开放（https：//www.iccat.int/en/vesselsrecord.asp）
	渔获登记制度 （Catch Documentation Scheme）	0.5	关于国际大西洋金枪鱼养护委员会修订国际大西洋金枪鱼养护委员会蓝鳍金枪鱼捕捞登记方案建议 Rec09-11 的建议（Rec11-20）；专家小组建议，国际大西洋金枪鱼养护委员用电子渔获登记方案取代所有统计登记方案，电子渔获登记方案可以酌情在金枪鱼区域性渔业管理组织之间得到统一，特别是大眼金枪鱼，同时考虑粮农组织《渔获登记制度自愿准则》。（ICCAT，2016[7]）（Recommendation by ICCAT amending Recommendation 09-11 on an ICCAT Bluefin Tuna Catch Documentation Program（Rec 11-20）；The Panel recommends that ICCAT works towards replacing all statistical documentation programmes with electronic catch documentation programmes that are harmonized among tuna RFMOs where appropriate - in particular for bigeye tuna - while taking account of the envisaged FAO Voluntary Guidelines on Catch Documentation Schemes.（ICCAT，2016[7]））（权重 0.5）
	船舶监控系统 （Vessel Monitoring System）	1	（1）关于在国际大西洋金枪鱼养护委员会公约管辖区域建立船舶监控系统最低标准的建议（Rec14-09）（Rec 14-09 Concerning Minimum Standards for the Establishment of a Vessel Monitoring System in the ICCAT Convention Area）（2）Rec14-09 第 1（b）款："要求其渔船配备能够自动向船旗国渔业监测中心（以下简称渔业监测中心）发送信息的独立系统，从而允许缔约方或合作非缔约方渔业监测中心能持续跟踪渔船的位置。"（Rec 14-09, par 1（b）："require its fishing vessels to be equipped with an autonomous system able to automatically transmit a message to the Fisheries Monitoring Center（hereinafter referred to as FMC）of the flag CPC allowing continuous tracking of the position of a fishing vessel by the CPC of that vessel."）（权重 0）

类别 （Category）	标准 （Criteria）	得分 （Sore）	理由 （Justification）
监测、控制和监督最低标准 （MSC Minimum Standards）	海上检查 （Inspections at Sea）	1	"缔约方政府指定的检查员进行检查。"还有一份指定检查的渔船名单，但需要登船许可。（Rec14-04、Rec16-05）（Rec 14-04, Rec 16-05 "Inspections shall be carried out by inspectors designated by the Contracting Governments." There also a list of designated inspection vessels, but need access. ）
	观察员方案 （Observer Programme）	1	多份文件：Rec04-10、Rec10-07、Rec11-08、Rec13-14、Rec14-04、Rec15-01、Rec15-05（e documents：Rec 04-10, Rec 10-07, Rec 11-08, Rec 13-14, Rec 14-04, Rec 15-01, Rec 15-05）
	转载监测方案 （Transhipment Monitoring Programme）	1	关于转载的建议（Rec16-15）（Rec 16-15 on Transhipment）
	港口检查 （Inspections in Port）	1	关于国际大西洋金枪鱼养护委员会港口检查最低标准的建议（Rec 12-07）（Rec 12-07 by ICCAT for an ICCAT Scheme for Minimum Standards for Inspection in Port）
	指定登陆港 （Designation of Landing Ports）	2	（1）关于国际大西洋金枪鱼养护委员会港口检查最低标准方案的建议（Rec12-07）（Rec 12-07 for an ICCAT Scheme for Minimum Standards for Inspection in Port） （2）https：//www. iccat. int/en/Ports. asp
非法、未报告和无管制捕捞渔船黑名单 （IUU Vessel Listing）	记录 （Document）	1	关于国际大西洋金枪鱼养护委员会进一步修订建立在公约管辖区域涉嫌从事非法、未报告和无管制捕捞渔船黑名单建议的建议（Rec11-18）（Recommendation 11-18 by ICCAT Further Amending Recommendation 09-10 Establishing a List of Vessels Presumed to Have Carried Out Illegal, Unreported and Unregulated Fishing Activities in the ICCAT Convention Area）
	链接 （Link）	—	http：//www. iccat. int/en/IUU. asp

类别 （Category）	标准 （Criteria）	得分 （Sore）	理由 （Justification）
非法、未报告和无管制捕捞渔船黑名单 （IUU Vessel Listing）	覆盖范围 （Coverage）	1	第 22 款："本建议应适用于第 12 款所指悬挂缔约方船旗的渔船。"（Paragraph 22: "This Recommendation shall apply mutatis mutandis to vessels referred to in paragraph 12 flying the flag of CPCs."） 注：该建议令人费解，因为第 2 款规定，"缔约方或合作非缔约方应每年至少在年会前 120 天向执行秘书提交涉嫌在本年度和上一年度在公约管辖区域开展非法、未报告和无管制捕捞行为的悬挂非缔约方船旗的渔船名单，同时附上被认定为非法、未报告和无管制捕捞行为的证据"。因为 2002 年通过的最初措施（Rec 02-23）豁免了缔约方，因此，在 2006 年进行了修订（Rec 06-12）。（Note: The recommendation is somewhat confusing, as paragraph 2 states "CPCs shall transmit every year to the Executive Secretary at least 120 days before the annual meeting, the list of vessels flying the flag of a non-Contracting Party presumed to be carrying out IUU fishing activities in the Convention Area during the current and previous year, accompanied by the supporting evidence concerning the presumption of IUU fishing activity". This follows from the fact, that the original measure adopted in 2002（Rec 02-23） was exempting contracting parties. This was amended in 2006（Rec 06-12）.）

类别 （Category）	标准 （Criteria）	得分 （Score）	理由 （Justification）
非法、未报告和无管制捕捞渔船黑名单 （IUU Vessel Listing）	证据 （Evidence）	1	（1）第 2 款："缔约方或合作非缔约方应每年至少在年会前 120 天向执行秘书提交涉嫌在本年度和上一年度在公约管辖区域开展非法、未报告和无管制捕捞行为的悬挂非缔约方船旗的渔船名单，同时附上被认定为非法、未报告和无管制捕捞行为的证据……"（Paragraph 2: "CPCs shall transmit every year to the Executive Secretary at least 120 days before the annual meeting, the list of vessels flying the flag of a non-Contracting Party presumed to be carrying out IUU fishing activities in the Convention Area during the current and previous year, accompanied by the supporting evidence concerning the presumption of IUU fishing activity. […]" ）（权重 1） （2）第 3 款："根据第 2 款述及的收到的信息，国际大西洋金枪鱼养护委员会执行秘书应起草一份非法、未报告和无管制捕捞渔船黑名单草件……"（Paragraph 3: "On the basis of the information received pursuant to paragraph 2, the ICCAT Executive Secretary shall draw up a Draft IUU List […]" ）（权重 0）
	受益所有人 （BO）	1	附件 1 第 3 点："渔船所有人和之前所有人，包括受益所有人的姓名和地址，以及所有人的注册地。"（Annex 1, point iii: "Name and address of owner of vessel and previous owners, including beneficial owners, and owner's place of registration. " ）
	列出理由 （Listing Justification）	2	（1）附件 1 第 9 点："将渔船列入非法、未报告和无管制捕捞渔船黑名单的理由相关的捕捞活动概述，以及所有相关证据的参考资料。"（Annex 1, point ix: "Summary of activities which justify inclusion of the vessel on the List, together with references to all relevant documents informing of and evidencing those activities. " ）（权重 1） （2）非法、未报告和无管制捕捞渔船黑名单包含非法、未报告和无管制捕捞活动的描述（Description of IUU activity available in the IUU vessel list）
	后续行动 （Follow-up）	2	（1）第 9 款："缔约方或合作非缔约方应根据其适用立法，采取一切必要措施……"（Paragraph 9: "CPCs shall take all necessary measures, under their applicable legislation: […]" ）（权重 1）

续表

类别 （Category）	标准 （Criteria）	得分 （Score）	理由 （Justification）
非法、未报告 和无管制捕 捞渔船黑 名单 （IUU Vessel Listing）	后续行动 （Follow-up）	2	（2）第9（7）款："禁止从非法、未报告和无管制捕捞渔船黑名单所列渔船进口或卸货和（或）转载金枪鱼或类金枪鱼物种；"（Paragraph 9（7）："To prohibit the imports, or landing and/or transhipment, of tuna and tuna-like species from vessels included in the IUU list；"）（权重1） （3）无（权重0） （4）无（权重0）
决策 （Decision-Making）	记录 （Document）	1	《国际大西洋金枪鱼养护公约》第6版，2017年（International Commission for the Conservation of Atlantic Tunas Basic Text, 6th revision, 2017） 关于促进国际大西洋金枪鱼养护委员会通过的养护和管理措施有效性背景下提出的反对意见的决议（12-1）（Resolution 12-11 Regarding the Presentation of Objections in the Context of Promoting Effective Conservation and Management Measures Adopted by ICCAT）
	表决 （Voting）	1	第3条第3款："除非本公约另有规定，委员会的决定应由多数缔约方作出，每一缔约方有一票表决权。……"（Article Ⅲ. 3："Except as may otherwise be provided in this Convention, decisions of the Commission shall be taken by a majority of the Contracting Parties, each Contracting Party having one vote. […]） 规则9.1："每个成员国有一票表决权。"（Rule 9. 1："Each member shall be entitled to one vote."）
	反对程序 （Objection）	0	第8条第3（a）款："（a）如果针对上文第1（b）（i）款提出的建议，任何缔约方向委员会提出反对，或针对上文第1（b）（ii）款或1（b）（iii）款提出的建议，工作组中的任何缔约成员向委员会提出反对。"（Article Ⅷ, paragraph 3（a）："（a）If any Contracting Party in the case of a recommendation made under paragraph 1（b）（i）above, or any Contracting Party member of a Panel concerned in the case of a recommendation made under paragraph 1（b）（ii）or（iii）above, presents to the Commission an objection to such recommendation."）

类别 （Category）	标准 （Criteria）	得分 （Score）	理由 （Justification）
决策 （Decision-Making）	反对理由（Justification of the Objection）	1	Res12-11 第 2 款："根据公约第 8 条提出反对的每一缔约方应在提出反对时向委员会提交反对的理由。……"（Res12-11）（Res 12-11, par 2: "Each Contracting Party that presents an objection pursuant to Article Ⅷ of the Convention should provide to the Commission, at the time of presenting its objection, the reasons for its objection.［...］"）
	反对程序框架 （Framework of the Objection）	1	Rec12-11 第 2 款："除其他外，反对基于以下理由：该建议与《联合国海洋法公约》《联合国鱼类种群协定》《国际大西洋金枪鱼养护委员会公约》或其他国际大西洋金枪鱼养护委员会生效的建议不一致；该建议在事实上或法律上，无理地歧视反对的缔约方；该建议与追求兼容养护和管理目标、并至少与该建议一样有效的国内措施相违背。"（Res12-11）（Res 12-11, par 2: "［objection］based on, inter alia, the following grounds: • The recommendation is inconsistent, with UNCLOS, the UN Fish Stocks Agreement, the ICCAT Convention or another ICCAT recommendation still in effect; • The recommendation unjustifiably discriminates in fact or law against the objecting Contracting Party; • The recommendation is inconsistent with a domestic measure that pursues compatible conservation and management objectives and that is at least as effective as the recommendation. "） Rec12-11 第 3 款："根据公约第 8 条提出反对的每一缔约方应同时在适用的情况下，向委员会提交其提议采纳并执行的符合公约目标的替代管理和养护措施。"（Rec12-11）（Res 12-11, par 3: "Each Contracting Party that presents an objection pursuant to Article VIII of the Convention should, at the same time, to the extent applicable, specify to the Commission the alternative management and conservation measures consistent with the objectives of the Convention it proposes to adopt and implement. "）
	审查小组 （Review Panel）	0	未有规定

类别 （Category）	标准 （Criteria）	得分 （Score）	理由 （Justification）
合作 （Cooperation）	合作 （Cooperation）	1	Rec11-18 第 10 款:"……此外,国际大西洋金枪鱼养护委员会执行秘书将把非法、未报告和无管制捕捞渔船黑名单通报给其他区域性渔业组织,加强国际大西洋金枪鱼养护委员会与这些组织之间的合作,以防止、阻止和消除非法、未报告和无管制捕捞行为。"）Rec11-18（Rec 11-18, par 10: "[...] Furthermore, the ICCAT Executive Secretary will transmit the IUU Vessels List to other regional fisheries organizations for the purposes of enhanced cooperation between ICCAT and these organizations in order to prevent, deter and eliminate illegal, unreported and unregulated fishing. "）
	交叉渔船黑名单 （Cross-listing）	1.5	(1) Rec11-18 第 11 款:"……如若从黑名单中增加或删除渔船,该渔船也应酌情在国际大西洋金枪鱼养护委员会非法、未报告和无管制捕捞渔船黑名单中增加或删除,除非任何缔约方反对将其放入大西洋金枪鱼养护委员会最终的黑名单……"（Rec 11-18, par 11: "[...] Vessels that have been included on or deleted from the respective lists shall be included on or deleted from the ICCAT IUU Vessel List as appropriate, unless any Contracting Party objects to the inclusion on the final ICCAT IUU list [...]"（权重 0.5） 更多详细信息见单独的 Res 14-11 中根据建议 11-18 制定将其他金枪鱼区域渔管组织未报告、未报告和无管制捕捞渔船黑名单交叉列入国际大西洋金枪鱼养护委员会未报告、无管制和无管制捕捞渔船黑名单的指南（More details in separate Res 14-11 Establishing Guidelines for the Cross-listing of Vessels Contained on IUU Vessel Lists of Other Tuna RFMOs on the ICCAT IUU Vessel List in Accordance with Recommendation 11-18)（权重 0.5） (2) 非法、未报告和无管制捕捞渔船黑名单包括来自其他区域性渔业管理组织的黑名单记录；官网提供其他区域性渔业管理组织的链接(IUU vessel list includes entries from other RFMOs; other RFMOs lists linked to the page)（权重 1）

类别 （Category）	标准 （Criteria）	得分 （Score）	理由 （Justification）
履约审查 （Compliance Review）	履约审查机构及相关文件 （Compliance Review Body and Related Documents）	1	养护和管理措施履约委员会举行年会（https://www.iccat.int/en/Meetings.asp）；注："在年度进程中，履约委员会目前正在审查每个缔约方和合作非缔约方，以评估其是否履行国际大西洋金枪鱼养护委员会的措施。在这方面，履约委员会正在跟进 2008 年审查所确定的"违反规定"问题。履约委员会通过其主席，向违反国际大西洋金枪鱼养护委员会措施的缔约方或合作非缔约方发履约信。"（ICCAT, 2016[7]）（Conservation and Management Measures Compliance Committee holds annual meetings（https://www.iccat.int/en/Meetings.asp）；Note: "In its annual process the COC is now examining each CPC to assess how its actions conform to ICCAT measures. In that respect, the COC is following-up on the issue of "infringements" that the 2008 review identifies. The COC, through its Chair, addresses a letter of compliance where warranted to those CPCs in breach of ICCAT measures. "
	概述（养护和管理措施的实施） （Summary（Implementation of CMMs））	1	履约委员会会议报告（如 Doc. No. COC-303/2017）总结了不履约的情况，如过度捕捞。（Reports from Compliance Committee meetings（e.g. Doc. No. COC-303/2017）summarize occurrences of non-compliance, e.g. overharvest. ）
	概述（数据收集） （Summary（Data Collection））	1	履约委员会会议报告包含部分关于所需数据提交及时性的数据（Reports from Compliance Committee meetings include partial data on timeliness of required data submissions）

续表

类别 （Category）	标准 （Criteria）	得分 （Score）	理由 （Justification）
履约审查 （Compliance Review）	制裁 （Sanctions）	2	（1）Rec11-15 关于不履行报告义务所适用处罚的规定（"如果缔约方或合作非缔约方不按照履约委员会要求，就某一特定年份某一或多个特定物种提交数据，即使零渔获量，也需提交数据，在国际大西洋金枪鱼养护委员会秘书处收到此类数据之前，应禁止该缔约方或合作非缔约方从数据缺失或不完整的次年起捕捞此类物种"）。此外，根据 Rec06-13，国际大西洋金枪鱼养护委员会可以对不履行其措施的缔约方或合作非缔约方实施贸易制裁。（Provisions in Rec 11-15 on penalties applicable in case of non-fulfilment of reporting obligations（"CPCs that do not report Task I data, including zero catches, for one or more species for a given year, in accordance with SCRS data reporting requirements, shall be prohibited from retaining such species as of the year following the lack or incomplete reporting until such data have been received by the ICCAT Secretariat."）. Moreover, under Rec 06-13, ICCAT has the ability to impose trade sanctions on CPCs which do not comply with its measures.） （2）根据 Rec11-15 适用的禁捕相关的历史信息，可以在 Doc. No. COC-303 / 2017 附件 7 查询。迄今为止，没有实施任何贸易制裁（与国际大西洋金枪鱼养护委员会秘书处沟通获知）。（History of prohibitions applied under Rec 11-15 available in Annex 7 of Doc. No. COC-303 / 2017. No trade sanctions have been imposed to date（communication with the ICCAT Secretariat）.）
印度洋金枪鱼委员会 （IOTC）			
监测、控制和监督最低标准 （MSC Minimum Standards）	授权渔船登记 （Registry of Authorised Vessels）	3	（1）关于建立印度洋金枪鱼委员会授权在印度洋金枪鱼委员会管辖区域作业渔船名单的决议（第 15/04 号决议）（Resolution 15/04 Concerning the IOTC Record of Vessels Authorised to Operate in the IOTC Area of Competence） （2）第 15/04 号决议第 2（b）条——自 2016 年以来（Resolution 15/04, paragraph 2（b）– since 2016） （3）登记信息向公众公布（http：//www. iotc. org/ vessels/current（Registry is available to the public（http：//www. iotc. org/vessels/current））

类别 （Category）	标准 （Criteria）	得分 （Score）	理由 （Justification）
监测、控制和监督最低标准 （MSC Minimum Standards）	渔获登记制度 （Catch Documentation Scheme）	0.5	印度洋金枪鱼委员会没有制定渔获登记制度，但制定了针对大眼金枪鱼的统计登记方案（关于大眼金枪鱼统计登记方案的第 01/06 号决议），该方案下有渔获登记制度的一些管理要素。（IOTC does not have a CDS, but there is a statistcal document programme for bigeye tuna（Resolution 01/06 on the Bigeye Tuna Statisical Document Programme）which has some controling elements of a CDS.）（权重 0.5） 其他相关文件包括关于印度洋金枪鱼委员会管辖区域渔船渔获量和努力量记录的第 15/01 号决议和关于印度洋金枪鱼委员会成员国强制性统计要求的第 15/02 号决议。（Resolution 15/01 On the Recording of Catch and Effort by Fishing Vessels in the IOTC Area of Competence and Resolution 15/02 Mandatory Statistical Requirements for IOTC Members.）
	船舶监控系统 （Vessel Monitoring System）	1	（1）关于船舶监控系统方案的决议（第 15/03 号决议）（Resolution 15/03 On the Vessel Monitoring System（VMS）Programme）（权重 1） （2）第 15/03 号决议第 6 款：“每个缔约方或合作非缔约方应采取必要措施，确保其陆基国家渔业监测中心可以通过渔船监测系统接收信息。”（Res 15/03, par 6: "Each CPC shall take the necessary measures to ensure that their land-based national Fisheries Monitoring Center（FMC）receives through the VMS."）（权重 0）
	海上检查 （Inspections at Sea）	0	无
	观察员方案 （Observer Programme）	0.5	关于区域观察员计划——仅为科学授权的决议（第 11/04 号决议）；此外，还有关于转载的观察员方案（关于建立大型渔船转载方案的决议（第 17/06 号决议））。（Resolution 11/04 On a Regional Observer Scheme – only a scientific mandate; additionally, there is an observer programme for transhipment（Resolution 17/06 On establishing a Programme for Transhipment by Large-scale Fishing Vessels））.

续表

类别 （Category）	标准 （Criteria）	得分 （Score）	理由 （Justification）
监测、控制和监督最低标准 （MSC Minimum Standards）	转载监测方案 （Transhipment Monitoring Programme）	1	关于建立大型渔船转载方案的决议（第 17/06 号决议）（Resolution 17/06 On Establishing a Programme for Tranship-ment by Large-scale Fishing Vessels）
	港口检查 （Inspections in Port）	1	关于港口国预防、阻止和消除非法、未报告和无管制捕捞行为措施的决议（第 10/11 号决议）（Resolution 10/11 on Port State Measures to Prevent, Deter and Eliminate Illegal, Unreported and Unregulated fishing）
	指定登陆港 （Designation of Landing Ports）	2	（1）关于港口国预防、阻止和消除非法、未报告和无管制捕捞行为措施的决议（第 10/11 号决议）（Resolution 10/11 on Port State Measures to Prevent, Deter and Eliminate Illegal, Unreported and Unregulated fishing） （2）http://www. iotc. org/compliance/port-state-measures
非法、未报告和无管制捕捞渔船黑名单 （IUU Vessel Listing）	记录 （Document）	1	关于建立印度洋金枪鱼委员会管辖区域涉嫌非法、未报告和无管制捕捞行为渔船黑名单的决议（第 17/03 号决议）（Resolution 17/03 on Establishing a List of Vessels Presumed to Have Carried Out Illegal, Unreported and Unregulated Fishing in the IOTC Area of Competence）
	链接 （Link）	—	http://www. iotc. org/vessels#iuu
	覆盖范围 （Coverage）	1	第 2 款："本决议适用于印度洋金枪鱼委员会管辖区域内从事捕捞活动和与捕捞有关活动的渔船及其所有人、经营者和船长，也适用于《印度洋金枪鱼委员会协定》或《印度洋金枪鱼委员会养护和管理措施》所涵盖的物种。"（Paragraph 2:"This Resolution applies to vessels, together with their Owners, Operators and Masters that undertake fishing and fishing related activities, for species covered by the IOTC Agreement, or by IOTC Conservation and Management Measures, within the IOTC area of competence (IOTC Area). " ）

类别 （Category）	标准 （Criteria）	得分 （Score）	理由 （Justification）
非法、未报告和无管制捕捞渔船黑名单 （IUU Vessel Listing）	证据 （Evidence）	2	（1）第 4 款："就本决议而言,当某一缔约方或合作非缔约方提供证据信息时,该渔船就被认为涉嫌从事非法、未报告和无管制捕捞行为……"（Paragraph 4: "For the purposes of this Resolution a vessel is presumed to have engaged in IUU fishing activities when a Contracting Party or Cooperating Non-Contracting Party（hereinafter referred to as "CPCs"）has provided information［...］"） （2）第 7 款："当印度洋金枪鱼委员会执行秘书从第三方处收到渔船涉嫌从事非法、未报告和无管制捕捞行为的信息和情报时,印度洋金枪鱼委员会执行秘书应将该信息转交给渔船船旗国和其他每个缔约方和合作非缔约方……"（Paragraph 7: "When the IOTC Executive Secretary receives information and intelligence from third parties indicating alleged IUU fishing activities, the IOTC Executive Secretary shall transmit the information to the flag State of the vessel and each CPC［...］"）
	受益所有人 （BO）	0.5	未列入附件 2:印度洋金枪鱼委员会非法、未报告和无管制捕捞渔船黑名单包含的信息;仅包含"所有人（之前的所有人,如果有）"（Not included in Annex Ⅱ: Information to be included in all IOTC IUU vessels lists; only included "Owner（previous Owner/s, if any）"）（权重 0.5）
	列出理由 （Listing Justification）	1.5	（1）附件 1 第 9 点:"将渔船列入非法、未报告和无管制捕捞渔船黑名单的活动概要描述,以及所有作为参考资料的相关证据。"（Annex 1, point ix: "Summary of activities which justify inclusion of the vessel on the List, together with references to all relevant documents informing of and evidencing those activities. "）（权重 1） （2）非法、未报告和无管制捕捞活动经常被列为"违反印度洋金枪鱼委员会第 11/03 号决议",但没有提供针对违反决议行动的进一步细节。（IUU activities often listed as "Contravention of IOTC Resolution 11/03", without providing further details on infraction. ）（权重 0.5）

类别 （Category）	标准 （Criteria）	得分 （Score）	理由 （Justification）
非法、未报告和无管制捕捞渔船黑名单 （IUU Vessel Listing）	后续行动 （Follow-up）	2	（1）第 21 款："缔约方或合作非缔约方应根据其立法,采取一切必要措施⋯⋯"（Paragraph 21:"A CPC shall take all necessary measures, in accordance with its legislation [...]"）（权重 1） （2）第 21 款第 6 条："禁止从非法、未报告和无管制捕捞渔船黑名单所列渔船进口或卸货和（或）转载金枪鱼和类金枪鱼物种。"（Paragraph 21（f）:"to prohibit the import, landing or transhipment, of tuna and tuna-like species from vessels included in the IUU Vessel List."）（权重 1） （3）无（权重 0） （4）无（权重 0）
决策 （Decision-Making）	记录 （Document）	1	《设立印度洋金枪鱼委员会协定（1996 年）》（Agreement for the Establishment of the Indian Ocean Tuna Commission（1996））（Agreement for the Establishment of the Indian Ocean Tuna Commission（1996））
	表决 （Voting）	1	第 6 条第 2 款："委员会的任何一个成员国应有一票表决权。除非本协定另有规定,委员会的决定和建议应由多数投票作出。委员会成员国的过半数构成法定人数。"（Article Ⅵ（2）:"Each Member of the Commission shall have one vote. Unless otherwise provided in this Agreement, decisions and recommendations of the Commission shall be taken by a majority of the votes cast. A majority of the Members of the Commission shall constitute a quorum."）
	反对程序 （Objection）	0	第 9 条第 5 款："委员会的任何成员国可在规定日期后 120 天内或委员会根据第 4 款规定的其他期限内,反对依据第 1 款所采取的养护和管理措施。⋯⋯"（Article Ⅸ（5）:"Any Member of the Commission may, within 120 days from the date specified or within such other period as may be specified by the Commission under paragraph 4, object to a conservation and management measure adopted under paragraph 1. [...]"）

类别 （Category）	标准 （Criteria）	得分 （Score）	理由 （Justification）
决策 （Decision-Making）	反对理由 （Justification of the Objection）	0	未有规定
	反对程序框架 （Framework of the Objection）	0	未有规定
	审查小组 （Review Panel）	0	未有规定
合作 （Cooperation）	合作 （Cooperation）	1	第 29 款："……此外，印度洋金枪鱼委员会执行秘书应尽快向粮农组织和其他区域性渔业管理组织通报非法、未报告和无管制捕捞渔船黑名单，加强印度洋金枪鱼委员会和这些组织之间的合作，以防止、阻止和消除非法、未报告和无管制捕捞行为。"（Paragraph 29: "[...] Furthermore, the IOTC Executive Secretary shall transmit the IUU Vessel List as soon as possible to the FAO and to other regional fisheries management organisations for the purposes of enhanced co-operation between IOTC and these organisations in order to prevent, deter and eliminate IUU fishing. " ）
	交叉渔船黑名单 （Cross-listing）	1	（1）第 17/03 号决议中未提及交叉黑名单。然而，交叉黑名单的规定已列入最近通过的养护和管理措施（第 18/03 号决议），该措施于 2018 年 10 月 4 日生效："根据第 31 款，其他区域性渔业管理组织确认的非法、未报告和无管制捕捞渔船黑名单渔船将被列入印度洋金枪鱼委员会非法、未报告和无管制捕捞渔船黑名单，除非有缔约方或合作缔约方反对……。"（Cross-listing not mentioned in the resolution 17/03. However, provision for cross-listing has been included in the recently adopted CMM（Resolution 18/03）, which came into force on 4 October 2018: "Vessels that have been included in the IUU vessel lists of the organisations set out in paragraph 31 shall be included in the IOTC IUU Vessel List, unless any CPC objects to the inclusion [...]"）（权重 0.5） （2）官网提供其他区域性渔业管理组织非法、未报告和无管制捕捞渔船黑名单的链接：http://www.iotc.org/vessels#iuu（权重 0.5）

续表

类别 （Category）	标准 （Criteria）	得分 （Score）	理由 （Justification）
履约审查 （Compliance Review）	履约审查机构及相关 文件 （Compliance Review Body and Related Documents）	1	自 2003 年以来，履约委员会每年收集最新报告 （http：//www. iotc. org/meetings/search?s＝&field_ meeting_tid_i18n＝110）；现有最新年度报告： 履约委员会第 15 次会议报告（2018 年 5 月 13 日至 15 日和 17 日，泰国曼谷）。（Compliance Committee gathers annually since 2003（http： //www. iotc. org/meetings/search?s＝&field_ meeting_tid_i18n＝110）；latest report；latest annual report available：Report of the 15th Session of the Compliance Committee. Bangkok，Thailand 13-15 and 17 May 2018. ） 关于促进缔约方和合作非缔约方国民遵守印度洋 金枪鱼委员会养护和管理措施的决议（第 07/01 号决议）（Resolution 07/01 to Promote Compliance by Nationals of Contracting Parties and Cooperating Non-contracting Parties with IOTC Conservation and Management Measures） 关于针对印度洋金枪鱼委员会缔约方和合作非 缔约方的强制性统计报告要求（第 15/02 号决议） （Resolution 15/02 Mandatory Statistical Reporting Requirements for IOTC Contracting Parties and Cooperating Non-contracting Parties（CPC's））
	概述（养护和管理措施 的实施） （Summary （Implementation of CMMs））	1	印度洋金枪鱼委员会履约报告包含对缔约方 和合作非缔约方执行养护和管理措施的审查 报告（IOTC compliance reports include review of implementation of CMMs by CP/CNCP）
	概述（数据 收集） （Summary（Data Collection））	1	印度洋金枪鱼委员会履约报告包含对缔约方和合 作非缔约方数据提交要求的评估报告；履约委员 会提供的现有文件包括标称渔获量数据报告义务 的履行情况。（印度洋金枪鱼委员会第 16/06 号 决议）（IOTC compliance reports include assessment of compliance with data submission requirements by CP/CNCP；list of available documents of the Compliance Committee includes：Implementation of reporting obligations of nominal catch data. （IOTC Resolution 16/06））

续表

类别 （Category）	标准 （Criteria）	得分 （Score）	理由 （Justification）
履约审查 （Compliance Review）	制裁 （Sanctions）	1	（1）关于在印度洋金枪鱼委员会不履行报告义务情况下适用措施的决议（第 16/06 号决议）："……委员会……可考虑根据第 15/02 号决议第 2 款（或随后的任何修订），禁止未报告某一特定年份一个或多个物种渔获量数据（包括零渔获量）的缔约方或合作非缔约方在次年捕捞此类物种，直到印度洋金枪鱼委员会秘书处收到此类数据为止。"（Resolution 16/06 on measures applicable in case of non-fulfilment of reporting obligations in the IOTC："[...] the Commission [...] may consider to prohibit CPCs that did not report nominal catch data（exclusively），including zero catches, for one or more species for a given year, in accordance with the Resolution 15/02, paragraph 2（or any subsequent revision），from retaining such species as of the year following the lack or incomplete reporting until such data have been received by the IOTC Secretariat. "）（权重 1） （2）迄今没有制裁记录（权重 0）
西北大西洋渔业组织 （NAFO）			
监测、控制和监督最低标准 （MSC Minimum Standards）	授权渔船登记 （Registry of Authorised Vessels）	2	（1）2018 年西北大西洋渔业组织养护和执法措施（Northwest Atlantic Fisheries Organization Conservation and Enforcement Measures 2018）附件 2 第 C 条渔船通告和授权描述了授权制度（Annex II. C Vessel Notification and Authorization of the Northwest Atlantic Fisheries Organization Conservation and Enforcement Measures 2018 describes authorisation regime）（权重 1） （2）2018 年西北大西洋渔业组织养护和执法措施附件 2 第 C 条渔船通告和授权：1）船舶登记格式；NAFO/FC. 第 14/09 号文件（NAFO/FC. Doc. 14/09）（自 2016 年起）（Annex Ⅱ. C Vessel Notification and Authorization；1）Format for register of vessel；NAFO/FC. Doc. 14/09（since 2016））（权重 1） （3）无对公众公开的获授权渔船名单（权重 0）
	渔获登记制度 （Catch Documentation Scheme）	0	仅限于渔获登记标准——2018 年西北大西洋渔业组织养护和执法措施第 28 条（Limited to catch reporting standards－Northwest Atlantic Fisheries Organization Conservation and Enforcement Measures 2018, Article 28）

续表

类别 （Category）	标准 （Criteria）	得分 （Score）	理由 （Justification）
监测、控制和监督最低标准 （MSC Minimum Standards）	船舶监控系统 （Vessel Monitoring System）	1	（1）2018 年西北大西洋渔业组织养护和执法措施第 29 条（Northwest Atlantic Fisheries Organization Conservation and Enforcement Measures 2018, Article 29）（权重 1） （2）第 1 款："在管辖区域内作业的每艘渔船应配备卫星监测装置，能够向其陆基渔业监测中心连续自动传送位置信息。"（Par 1："Every fishing vessel operating in the Regulatory Area shall be equipped with a satellite monitoring device capable of continuous automatic transmission of position to its land-based Fisheries Monitoring Centre（FMC）."）（权重 0）
	海上检查 （Inspections at Sea）	1	2018 年西北大西洋渔业组织养护和执法措施第 6 章海上检查和监督计划（At-Sea Inspection and Surveillance Scheme）（Northwest Atlantic Fisheries Organization Conservation and Enforcement Measures 2018, CHAPTER VI At-Sea Inspection and Surveillance Scheme））
	观察员方案 （Observer Programme）	1	2018 年西北大西洋渔业组织养护和执法措施第 30 条（目前正在审查，将于 2019 年进行实质性修订）（Northwest Atlantic Fisheries Organization Conservation and Enforcement Measures 2018, Article 30（currently under review, substantial revision to be introduced in 2019））
	转载监测方案 （Transhipment Monitoring Programme）	1	2018 年西北大西洋渔业组织养护和执法措施附件 2 第 C 条渔船通告和授权：（3）开展捕捞活动的授权格式（Northwest Atlantic Fisheries Organization Conservation and Enforcement Measures 2018, Annex Ⅱ.C Vessel Notification and Authorization；3）Format for authorization to conduct fishing activities）
	港口检查 （Inspections in Port）	1	2018 年西北大西洋渔业组织养护和执法措施第 43（10-17）条；《2017 年西北大西洋渔业合作公约》第 12 条规定的港口国义务（Northwest Atlantic Fisheries Organization Conservation and Enforcement Measures 2018, Article 43（10-17）；Article Ⅻ- Port State Duties of 2017 Convention on Cooperation in the Northwest Atlantic Fisheries）

类别 （Category）	标准 （Criteria）	得分 （Score）	理由 （Justification）
监测、控制和监督最低标准 （MSC Minimum Standards）	指定登陆港 （Designation of Landing Ports）	2	（1）2018 年西北大西洋渔业组织养护和执法措施第 43 条（Northwest Atlantic Fisheries Organization Conservation and Enforcement Measures 2018, Article 43） （2）https：//www. nafo. int/Fisheries/PSC
非法、未报告和无管制捕捞渔船黑名单 （IUU Vessel Listing）	记录 （Document）	1	2018 年西北大西洋渔业组织养护和执法措施（Northwest Atlantic Fisheries Organization Conservation and Enforcement Measures（NAFO CEM）2018）
	链接 （Link）	—	https：//www. nafo. int/Fisheries/IUU
	覆盖范围围 （Coverage）	0	第 48 条：“本章目的是促进非缔约方渔船遵守西北大西洋渔业组织提出的建议，防止、阻止和消除非缔约方渔船进行非法、未报告和无管制捕捞……”（Article 48：“The purpose of this Chapter is to promote compliance of non-Contracting Party vessels with recommendations established by NAFO and to prevent, deter and eliminate IUU fishing by non-Contracting Party vessels [...]” ）
	证据 （Evidence）	0. 5	（1）第 50（1）条：“在联合检查和监督计划授权下的监管区域内，设有检查和（或）监督机构的每一缔约方……”（Article 50（1）：“Each Contracting Party with an inspection and/or surveillance presence in the Regulatory Area authorized under the Joint Inspection and Surveillance Scheme [...]” ）（权重 0. 5） （2）文件中没有规定（权重 0）
	受益所有人 （BO）	0	不包含在文件中
	列出理由 （Listing Justification）	0	（1）文件中未提及 （2）非法、未报告和无管制捕捞渔船黑名单没有关于非法、未报告和无管制捕捞活动的描述

类别 （Category）	标准 （Criteria）	得分 （Score）	理由 （Justification）
非法、未报告 和无管制捕 捞渔船黑 名单 （IUU Vessel Listing）	后续行动 （Follow-up）	3	（1）第 54 条：“各缔约方应采取一切必要措施，阻止、防止和消除于非法、未报告和无管制捕捞行为黑名单上所列任何渔船开展的非法、未报告和无管制捕捞行为……”（Article 54：“Each Contracting Parties shall take all measures necessary to deter, prevent, and eliminate IUU fishing, in relation to any vessel listed in the IUU Vessel List […]”）（权重 1） （2）第 54（h）条：“禁止从这些渔船卸货和进口渔获，或禁止卸货和进口渔获追溯到这些渔船。”（Art 54（h）：“prohibiting landing and importation of fish from on board or traceable to such vessel.”）（权重 1） （3）年度审查包括“处置/后续行动”项，该项列出西北大西洋渔业组织确认的在其管辖区域从事的违法行为。（迄今为止，西北大西洋渔业组织没有实际列出任何船舶）（The annual review includes 'Disposition/Follow-up' column for each identified infringement of vessels in NAFO area of competence.（no vessels actually listed by NAFO to date））（权重 1） （4）无（权重 0）
决策 （Decision- Making）	记录 （Document）	1	《西北大西洋渔业合作公约》（Convention on Cooperation in the Northwest Atlantic Fisheries）（2017 年；ISBN 978-0-9959516-0-0）； 《2017 年西北大西洋渔业组织议事规则和财务条例》（NAFO Rules of Procedure & Financial Regulations）（2017 年；ISBN 0-9698167-1-5）

类别 （Category）	标准 （Criteria）	得分 （Score）	理由 （Justification）
决策 （Decision-Making）	表决 （Voting）	1	第 13 条："1. 作为一般规则,西北大西洋渔业组织委员会内部的决策应以协商一致的方式进行。就本条而言,"协商一致"是指在作出决定时没有任何正式反对意见。2. 如果西北大西洋渔业组织委员会主席认为已经为达成协商一致尽一切努力,除非另有规定,委员会的决定应由出席会议并投赞成票或反对票的所有缔约方的三分之二多数作出,除非有至少三分之二法定人数的缔约方出席会议,否则不得进行表决。每一缔约方应有一票表决权。"（Article XIII: "1. As a general rule, decision-making within the Commission shall be by consensus. For the purposes of this Article, "consensus" means the absence of any formal objection made at the time the decision was taken. 2. If the Chairperson considers that all efforts to reach consensus have been exhausted, decisions of the Commission shall, except where otherwise provided, be taken by two-thirds majority of the votes of all Contracting Parties present and casting affirmative or negative votes, provided that no vote shall be taken unless there is a quorum of at least two-thirds of the Contracting Parties. Each Contracting Party shall have one vote. " ）
	反对程序 （Objection）	0	第 14 条第 2 款："如果任何缔约方对某项措施提出反对……"（Article XIV（2）: Where any Contracting Party presents an objection to a measure [...] ）
	反对理由 （Justification of the Objection）	1	第 14 条第 5 款："对措施提出反对的任何缔约方应同时解释其反对的理由。"（Article XIV（5）: Any Contracting Party that has presented an objection to a measure [...] shall at the same time provide an explanation for its reasons for taking this action. ）

续表

类别 （Category）	标准 （Criteria）	得分 （Score）	理由 （Justification）
决策 （Decision-Making）	反对程序框架 （Framework of the Objection）	1	第 14 条第 5 款："……缔约方的反对理由应具体说明缔约方是否认为该措施不符合本公约的规定，或者该措施是否在形式或事实上无理区别对待缔约方。说明解释还应包括缔约方在提出反对意见或通知后打算采取的行动，包括打算或已经采取的符合本公约目标的养护和管理相关渔业资源的替代措施。"（Article XIV（5）："[...] This explanation shall specify whether it considers that the measure is inconsistent with the provisions of this Convention, or that the measure unjustifiably discriminates in form or fact against it. The explanation shall also include a declaration of the actions it intends to take following the objection or notification, including a description of the alternative measures it intends to take or has taken for conservation and management of the relevant fishery resources consistent with the objective of this Convention. "）
	审查小组 （Review Panel）	0.5	第 14 条第 9 款："……任何缔约方均可要求委员会召开会议以审查委员会采取的措施和根据第 5 款作出的解释。"（Article XIV（9）："[...] any Contracting Party may request a meeting of the Commission to review the measure adopted by the Commission and the explanation made pursuant to paragraph 5. "）（权重 0.5）
合作 （Cooperation）	合作 （Cooperation）	1	《西北大西洋渔业组织委员会 2018 年养护和执法措施》第 53 条第 4（c）款："向其他区域性渔业管理组织，特别是东北大西洋渔业委员会、东南大西洋渔业组织和南极海洋生物资源养护委员会通报非法、未报告和无管制捕捞渔船黑名单和任何相关信息，包括每艘渔船在黑名单上列名或除名的原因；"（NAFO CEM 2018, article 53（4）c："transmits the IUU Vessel List and any relevant information, including the reasons for listing or de-listing each vessel, to other RFMOs, including, in particular, the NEAFC, the South East Atlantic Fisheries Organisation（SEAFO）, and the Commission for the Conservation of Antarctic Marine Living Resources（CCAMLR））"

类别 （Category）	标准 （Criteria）	得分 （Score）	理由 （Justification）
合作 （Cooperation）	交叉渔船黑名单 （Cross-listing）	1	（1）《西北大西洋渔业组织委员会 2018 年养护和执法措施》，"……在此类信息通报后 30 天内，根据东北大西洋渔业委员会非法、未报告和无管制捕捞渔船黑名单修正案，修订非法、未报告和无管制捕捞渔船黑名单；除非执行秘书在 30 天内收到缔约方的书面呈件，否则……——有限制的"。（NAGO CEM 2018, "[...] amends the IUU Vessel List consistent with amendments to the NEAFC IUU List, within 30 days of such transmittal; unless within the 30 days the Executive Secretary receives from a Contracting Party a written submission [...]" – limited)（权重 0.5） （2）和东北大西洋渔业委员会交叉的非法、未报告和无管制捕捞渔船黑名单：https://www.nafo.int/Fisheries/IUU（权重 0.5）
履约审查 （Compliance Review）	履约审查机构及相关文件 （Compliance Review Body and Related Documents）	1	《2017 年西北大西洋渔业组织议事规则和财务条例》规则 5:"应设立一个国际管制常设委员会，该委员会由每一缔约方的一名代表组成，该委员会可由专家和顾问协助，并应：……b. 审查和评估缔约方遵守委员会制定的养护和执法措施的情况。"（NAFO Rules of Procedure & Financial Regulations 2017, Rule 5: There shall be a Standing Committee on International Control（STACTIC）consisting of one representative from each Contracting Party, who may be assisted by experts and advisers, and which shall: [...] b. review and evaluate the compliance by Contracting Parties with the Conservation and Enforcement Measures established by the Commission）；自 2007 年以来，国际管制常设委员会每年召集开会。

续表

类别 （Category）	标准 （Criteria）	得分 （Score）	理由 （Justification）
履约审查 （Compliance Review）	概述（养护和管理措施的实施） （Summary（Implementation CMMS））	1	年度履约审查——确认缔约方和合作非缔约方发现的违规行为（Annual Compliance Review – identifies detected infringements by CP/CNCP）
	概述（数据收集） （Summary（Data Collection））	0	年度履约审查仅报告不符合数据提交要求的汇总统计数据；西北大西洋渔业组织绩效评估（NAFO，2018[24]）建议西北大西洋渔业组织"同意采取措施应对缔约方不遵守其数据提交要求的情况，包括不遵守捕捞日志数据提交要求"。作为回应，2018 年 9 月举行的西北大西洋渔业组织年会，建立了一个解决捕捞日志数据提交问题的机制。（Annual Compliance Review reports only summary statistics on non-compliance with data submission requirements；NAFO performance review（NAFO，2018[24]）recommends that NAFO "agrees on a means to respond to instances of non-compliance by a Contracting Party with its reporting requirements，including logbook data. " In response, a mechanism to address the issue of logbook data submission was established during the last NAFO Annual Meeting in September 2018（NAFO COM Doc 18-27 and 18-28）.）
	制裁 （Sanctions）	1	（1）《西北大西洋渔业组织委员会 2018 年养护和执法措施》第 5 条第 7 款："如果委员会决定，超过分配给缔约方配额的捕捞量可能导致在未来配额期内减少该种群的分配量。……"（NAFO CEM 2018, Article 5（7）："Catch in excess of a quota allocated to a Contracting Party may result in a deduction of allocations of that stock during a future quota period, if so decided by the Commission. [...]"） （权重 1） （2）无（权重 0）

类别 （Category）	标准 （Criteria）	得分 （Score）	理由 （Justification）
	东北大西洋渔业委员会 （NEAFC）		
监测、控制和监督最低标准 （MSC Minimum Standards）	授权渔船登记 （Registry of Authorised Vessels）	2	（1）《东北大西洋渔业委员会控制和执行计划》第 4 条——捕捞授权：缔约方的责任（NEAFC Scheme of Control and Enforcement. Article 4 - Authorisation to Fish: Responsibility of CP）（权重 1） （2）《东北大西洋渔业委员会控制和执行计划》附件 2：b）受管制资源的授权：（1）受管制资源的捕捞授权（NEAFC Scheme of Control and Enforcement, Annex II b) Authorisation for Regulated Resources 1) Authorisation to Fish for Regulated Resources）；第 A. 1078（28）号决议——自 2017 年以来（Resolution A. 1078（28） - since 2017）（权重 1） （3）没有获授权渔船的记录（权重 0）
	渔获登记制度 （Catch Documentation Scheme）	0	仅限于渔获量报告标准——东北大西洋渔业委员会控制和执行计划，第 9 条——渔获量和捕捞努力量的记录（Limited to catch reporting standards - NEAFC Scheme of Control and Enforcement, Article 9 - Recording of Catch and Fishing Effort）
	船舶监控系统 （Vessel Monitoring System）	1	（1）《东北大西洋渔业委员会控制和执行计划》第 1 条——船舶监控系统（NEAFC Scheme of Control and Enforcement, Article 11 - Vessel Monitoring System）（权重 1） （2）第 1（a）款："向陆基渔业监测中心发送信息，使该渔船的缔约方能够持续跟踪该渔船的位置。"（Par 1（a）: transmit messages to a land-based fisheries monitoring centre（FMC）allowing a continuous tracking of the position of a fishing vessel by the Contracting Party of that fishing vessel. ）（权重 0）
	海上检查 （Inspections at Sea）	1	《东北大西洋渔业委员会控制和执行计划》第 4 章——海上检查（NEAFC Scheme of Control and Enforcement, Chapter IV - Inspections at Sea）
	观察员方案 （Observer Programme）	0	《东北大西洋渔业委员会控制和执行计划》（NEAFC Scheme of Control and Enforcement）中没有此项规定

续表

类别 （Category）	标准 （Criteria）	得分 （Score）	理由 （Justification）
监测、控制和监督最低标准 （MSC Minimum Standards）	转载监测方案 （Transhipment Monitoring Programme）	1	《东北大西洋渔业委员会控制和执行计划》第 13 条——转载和登陆港的通信（NEAFC Scheme of Control and Enforcement, Article 13 – Communication of Transhipments and of Port of Landing）
	港口检查 （Inspections in Port）	1	《东北大西洋渔业委员会控制和执行计划》第 5 章——外国渔船的港口国控制；第 25 条——检查（NEAFC Scheme of Control and Enforcement, Chapter V - Port State Control of Foreign Fishing Vessels；Article 25–Inspections）
	指定登陆港 （Designation of Landing Ports）	2	（1）《东北大西洋渔业委员会控制和执行计划》第 21 条："缔约方应指定允许登陆或转载作业和提供港口服务的港口。每一缔约方向秘书发送此类港口的名单……"（NEAFC Scheme of Control and Enforcement, Article 21: "Contracting Parties shall designate ports where landings or transhipment operations and provisions of port services are permitted. Each Contracting Party shall send to the Secretary the list of such ports.［...］"） （2）https：//psc. neafc. org/designated-contacts
非法、未报告和无管制捕捞渔船黑名单 （IUU Vessel Listing）	记录 （Document）	1	《东北大西洋渔业委员会 2018 年控制和执行计划》（NEAFC Scheme of Control and Enforcement 2018）
	链接 （Link）	–	http：//www. neafc. org/mcs/iuu

续表

类别 （Category）	标准 （Criteria）	得分 （Score）	理由 （Justification）
非法、未报告和无管制捕捞渔船黑名单 （IUU Vessel Listing）	覆盖范围 （Coverage）	0	第 44 条第 1 款："除非根据第 34 条规定，渔船船旗国被认为具有合作非缔约方地位，否则根据第 37、38 和 40 条规定所获得的信息，被目击或以其他方式被确认在公约管辖区域从事捕捞活动的渔船将被认定破坏了公约所确立的各项建议的效力。如果船旗国没有提供第 41 条所要求的资料，上述条款同样适用。委员会秘书应将此类渔船列入非法、未报告和无管制捕捞渔船的临时黑名单（'A' 黑名单），并立即通知其船旗国。"（Article 44（1）："Unless its flag State has been accorded the status of co-operating non-Contracting Party provided for under Article 34, a vessel which has been sighted or by other means identified according to information received pursuant to Articles 37, 38 and 40 as engaging in fishing activities in the Convention Area is presumed to be undermining the effectiveness of Recommendations established under the Convention. The same shall apply in the case of information required under Article 41 not being provided by its flag State. The Secretary shall place such a vessel on a provisional list of IUU vessels（'A' list）and promptly inform its flag State accordingly."）
	证据 （Evidence）	0.5	（1）第 37 条第 1 款："缔约方应立即向委员会秘书提供关于在公约管辖区域内被目击或以其他方式被确定为从事捕捞活动的非缔约方渔船的资料。……"（Article 37（1）："Contracting Parties shall transmit to the Secretary without delay any information regarding non-Contracting Party vessels sighted or by other means identified as engaging in fishing activities in the Convention Area. [...]"）（权重 0.5） （2）文件中没有规定（权重 0）
	受益所有人 （BO）	0	不包含在记录中

续表

类别 （Category）	标准 （Criteria）	得分 （Score）	理由 （Justification）
非法、未报告和无管制捕捞渔船黑名单 （IUU Vessel Listing）	列出理由 （Listing Justification）	0	（1）发布的文件中没有向公众公布非法、无管制和未报告捕捞活动描述的规定 （2）非法、未报告和无管制捕捞渔船黑名单没有包含关于非法、未报告和无管制活动的描述（虽然渔船描述包括"非法、未报告和无管制捕捞活动日志"，但没有填写）
	后续行动 （Follow-up）	3	（1）第45条第1款："缔约方应根据其适用的立法采取一切必要措施，将非法、未报告和无管制捕捞渔船列入黑名单。"（Article 45(1)："Contracting Parties shall take all the necessary measures, under their applicable legislation, in order that vessels appearing on the IUU lists."）（权重1） （2）第45条第2款第5项："禁止从这些渔船进口渔获。"（Article 45(2)e:"prohibit the imports of fish coming from such vessels;"）（权重1） （3）无（权重0） （4）第46条第3款："委员会应对第1款所指的非缔约方采取适当措施，这些非缔约方的渔船被列在非法、未报告和无管制捕捞渔船黑名单上。在这方面，缔约方可合作采取适当的多边商定的非歧视性贸易相关措施，与世界贸易组织保持一致，这对于委员会防止、阻止和消除确认的非法、未报告和无管制捕捞行为是至关重要的。"（Article 46(3)："The Commission shall decide appropriate measures to be taken in respect of non-Contracting Parties identified under paragraph 1 [that is non-Contracting Parties whose vessels appear on the IUU lists]. In this respect, Contracting parties may co-operate to adopt appropriate multilaterally agreed non-discriminatory trade related measures, consistent with the World Trade Organisation (WTO), that may be necessary to prevent, deter, and eliminate the IUU fishing activities identified by the Commission."）（权重1）
决策 （Decision-Making）	记录 （Document）	1	《东北大西洋渔业未来多边合作公约（1980年）》（Convention on Future Multilateral Cooperation in North-East Atlantic Fisheries (1980)）（包括委员会于2006年通过并于2013年生效的公约修正案，2004年通过的一些修正案尚未生效）

续表

类别 （Category）	标准 （Criteria）	得分 （Score）	理由 （Justification）
决策 （Decision-Making）	表决 （Voting）	1	第 5 条第 1 款："委员会应酌情就缔约方管辖范围以外的渔业活动提出建议。此类建议应以有效多数通过。"（Article 5(1)："The Commission shall, as appropriate, make recommendations concerning fisheries conducted beyond the areas under jurisdiction of Contracting Parties. Such recommendations shall be adopted by a qualified majority."）
	反对程序 （Objection）	0	第 12 条第 2(a)款："根据第 5 条第 1 款、第 8 条第 1 款或第 9 条第 1 款，任何缔约方均可在收到通知之日起 50 天内提出反对。……"（Article 12(2)a："Any Contracting Party may, within 50 days of the date of notification of a recommendation adopted under paragraph 1 of Article 5, under paragraph 1 of Article 8 or under paragraph 1 of Article 9, object thereto. [...]"）
	反对理由 （Justification of the Objection）	0	未有规定
	反对程序框架 （Framework of the Objection）	0	未有规定
	审查小组 （Review Panel）	0	未有规定
合作 （Cooperation）	合作 （Cooperation）	1	《东北大西洋渔业委员会 2017 年控制和执行计划》第 44 条第 5 款："秘书处应将非法、未报告和无管制捕捞渔船黑名单及其任何修正案以及关于该黑名单的任何相关信息通报给南极海洋生物资源养护委员会、西北大西洋渔业组织和东南大西洋渔业组织秘书处。秘书还应将非法、未报告和无管制捕捞渔船黑名单通报给其他区域性渔业管理组织。"（NEAFC Scheme of Control and Enforcement 2017, Article 44(5)："The Secretariat shall transmit the IUU B-List and any amendments thereto as well as any relevant information regarding the list, to the Secretariats of the Commission for the Conservation of Antarctic Marine Living Resources（CCAMLR）, the Northwest Atlantic Fisheries Organization（NAFO）and the South East Atlantic Fisheries Organisation（SEAFO）. The Secretary shall also circulate the IUU B-List to other Regional Fisheries Management Organisations."）

类别 （Category）	标准 （Criteria）	得分 （Score）	理由 （Justification）
合作 （Cooperation）	交叉渔船黑名单 （Cross-listing）	1	（1）《东北大西洋渔业委员会 2017 年控制和执行计划》第 44 条第 6 款："在南极海洋生物资源养护委员会、西北大西洋渔业组织和东南大西洋渔业组织通报已确认的从事非法、未报告和无管制捕捞行为的渔船后，委员会秘书应立即将非缔约方渔船列入东北大西洋渔业组织非法、未报告和无管制捕捞渔船黑名单 B。只有确认黑名单的区域性渔业管理组织通知东北大西洋渔业委员会秘书，确定要将从事非法、无管制和未报告捕捞活动的渔船从黑名单上删除，根据本款规定列入黑名单 B 的渔船才能从非法、无管制和未报告的捕捞渔船黑名单上删除。"——显示流程受限。（NEAFC Scheme of Control and Enforcement 2017, Article 44(6)："After having been notified by CCAMLR, NAFO and SEAFO of vessels that have been confirmed as having been engaged in IUU fisheries, the Secretary shall without delay place the NCP vessels on the NEAFC IUU B-List. Vessels placed on the IUU B-List in accordance with this paragraph may only be removed if the RFMO which originally identified the vessels as having engaged in IUU fishing activity has notified the NEAFC Secretary of their removal from the list. " – indicates the process is limited)（权重 0. 5） （2）非法、未报告和无管制捕捞渔船黑名单包括东南大西洋渔业组织通报的黑名单——有限覆盖范围（IUU vessel list includes entries from SEAFO – limited coverage）（权重 0. 5）

续表

类别 （Category）	标准 （Criteria）	得分 （Score）	理由 （Justification）
履约审查 （Compliance Review）	履约审查机构及相关文件 （Compliance Review Body and Related Documents）	1	监测和监察常设委员会（公约第 3 条第 8 款的规定）自 2015 年以来，每年都召集会议（https://www.neafc.org/past_meetings）；东北大西洋渔业委员会最近通过了一个公布其重要委员会全年会议的会议报告的更透明程序，意味着从 2019 年开始，东北大西洋渔业委员会的履约报告（针对任何单个渔船的信息等报告）将通过网站发布。（Permanent Committee on Monitoring and Compliance（PECMAC；provisions in Article 3（8）of the Convention）gathers annually since 2015（https://www.neafc.org/past_meetings）；NEAFC has recently agreed a more transparent process for publication of reports arising in its key committees throughout the year, this will mean from 2019 reports such as the NEAFC compliance report（redacted for any individual vessel information etc.）will become available on via the website.）
	概述（养护和管理措施的实施） （Summary（Implementation of CMMs））	0	东北大西洋渔业委员会履约报告将包含缔约方和合作非缔约方实施养护和管理措施的详细情况（于 2019 年 2 月发布）（Details on implementation of CMMs by CP/CNCP will be available in the NEAFC compliance report（to be published in February 2019））
	概述（数据收集） （Summary（Data Collection））	0	东北大西洋渔业委员会履约报告（于 2019 年 2 月发布）将提供关于遵守数据提交要求的详细信息（Details on compliance with data submission requirements will be available in the NEAFC compliance report（to be published in February 2019））
	制裁 （Sanctions）	0	（1）无 （2）无
北太平洋渔业委员会 （NPFC）			
监测、控制和监督最低标准 （MSC Minimum Standards）	授权渔船登记 （Registry of Authorised Vessels）	3	（1）关于船舶登记信息要求的养护与管理措施（CMM 2018-01 On Information Requirements for Vessel Registration） （2）CMM 2016-01 附件：船舶信息要求（CMM 2016-01, Annex Vessel Information Requirements） （3）登记信息向公众开放（Registry is available to the public（https://www.npfc.int/compliance/vessels））
	渔获登记制度 （Catch Documentation Scheme）	0	无（与北太平洋渔业委员会秘书处沟通获知）

类别 （Category）	标准 （Criteria）	得分 （Score）	理由 （Justification）
监测、控制和监督最低标准 （MSC Minimum Standards）	船舶监控系统 （Vessel Monitoring System）	1	（1）参与北太平洋渔业委员会管理渔业所需的船舶监控系统(关于西北太平洋底层渔业和保护脆弱海洋生态系统的养护与管理措施(CMM 2018-05 for Bottom Fisheries and Protection of VMEs in the NW Pacific)；东北太平洋底层渔业和保护脆弱海洋生态系统的养护与管理措施(CMM 2017-06 for Bottom Fisheries and Protection of VMEs in the NE Pacific Ocean)；关于鲐鱼的养护与管理措施(CMM 2018-07 For Chub Mackerel)；关于秋刀鱼的养护与管理措施(CMM 2018-08 For Pacific Saury))(权重 1) （2）北太平洋渔业委员会在 2020 年制定船舶监控系统计划(与北太平洋渔业委员会秘书处沟通获知)(NPFC plans to develop such scheme in 2020 (communicated by the NPFC Secretariat))(权重 0)
	海上检查 （Inspections at Sea）	0	北太平洋渔业委员会关于公海登船与检查程序的养护和管理措施(Conservation and Management Measure for High Seas Boarding and Inspection Procedures for the North Pacific Fisheries Commission)(CMM 2017-09)；2018 年通过的公海登临与检查实施计划,将于 2019 年初全面实施(HSBI implementation plan adopted in 2018 for full implementation by early 2019)
	观察员方案 （Observer Programme）	1	《关于西北太平洋底层渔业和脆弱海洋生态系统的养护与管理措施》第 8 款:"所有被授权在公约管辖区域西部开展底层渔业的渔船需搭载一名观察员。"——该计划是为了科学研究,但成员国可能会考虑遵守部分内容。(2018 年 7 月通过)(CMM 2017-05 for Bottom Fisheries and Protection of Vulnerable Marine Ecosystems in the Northwestern Pacific Ocean, par 8: "All vessels authorized to bottom fishing in the western part of the Convention Area shall carry an observer on board" – the program is for scientific purpose, but the compliance components may be considered by member countries. (adopted in July 2018))
	转载监测方案 （Transhipment Monitoring Programme）	1	《关于北太平洋渔业委员会临时转载程序的养护与管理措施》(CMM 2016-03)(CMM 2016-03 On the Interim Transhipment Procedures for NPFC)

类别 （Category）	标准 （Criteria）	得分 （Score）	理由 （Justification）
监测、控制和 监督最低 标准 （MSC Minimum Standards）	港口检查 （Inspections in Port）	0	无
	指定登陆港 （Designation of Landing Ports）	0	（1）无 （2）无
非法、未报 告和无管 制捕捞渔 船黑名单 （IUU Vessel Listing）	记录 （Document）	1	《关于建立涉嫌在北太平洋渔业委员会公约管辖区域开展非法、未报告和无管制捕捞活动的渔船黑名单的养护与管理措施》（CMM 2017-02 Conservation and Management Measure to Establish a List of Vessels Presumed to Have Carried Out Illegal, Unreported and Unregulated Fishing Activities in the Convention Area of the North Pacific Fisheries Commission）
	链接 （Link）	—	https://www.npfc.int/npfc-iuu-vessel-list
	覆盖范围 （Coverage）	1	第1条："每次会议，委员会将确认在公约管辖区域捕捞公约所涵盖物种的渔船……"（Article 1: "At each meeting, the Commission will identify those vessels which have engaged in fishing activities for species covered by the Convention within the Convention Area […]"）
	证据 （Evidence）	2	（1）第2条："此确认信息应当记录在案，除其他外，应记录在各成员国、合作非缔约方提交的报告中……"（Article 2: "This identification shall be suitably documented, inter alia, on reports from Members/CNCPs […]"） （2）第8条："……及任何可供其使用的记录资料……"（Article 8: "[…] and any other suitably documented information at his disposal […]"）
	受益所有人 （BO）	1	第21（c）条："所有人和之前的所有人，包括受益所有人，如果有的话。"（Article 21(c): "owner and previous owners, including beneficial owners, if any."）

类别 （Category）	标准 （Criteria）	得分 （Score）	理由 （Justification）
非法、未报告和无管制捕捞渔船黑名单 （IUU Vessel Listing）	列出理由 （Listing Justification）	2	（1）第 21（i）条："将该渔船列入非法、未报告和无管制捕捞渔船黑名单的活动概述，以及所有作为证据的参考资料。"（Article 21（i）："summary of activities which justify inclusion of the vessel on the list, together with references to all relevant documents informing of and evidencing those activities."） （2）非法、未报告和无管制捕捞渔船黑名单包含"活动概述"栏（'Summary of activities' column in the IUU vessel list）
	后续行动 （Follow-up）	2	（1）第 24 条："成员/合作非缔约方应根据其适用的立法、国际法和每个成员/合作非缔约方的国际义务，采取一切必要的非歧视性措施……"（Article 24："Members/CNCPs shall take all necessary non-discriminatory measures under their applicable legislation, international law and each Members/CNCPs' international obligations […]"）（权重 1） （2）第 24（f）款："禁止与非法、未报告和无管制捕捞渔船黑名单上的渔船进行公约涵盖物种的商业交易、进口、卸货和（或）转载。"（Article 24（f）："prohibit commercial transactions, imports, landings and/or transhipment of species covered by the Convention from vessels on the IUU Vessel List."）（权重 1） （3）无（权重 0） （4）无（权重 0）
决策 （Decision-Making）	记录 （Document）	1	《北太平洋公海渔业资源养护和管理公约》（2012 年）（Convention on the Conservation and Management of High Seas Fisheries Resources in the North Pacific Ocean（2012））

类别 （Category）	标准 （Criteria）	得分 （Score）	理由 （Justification）
决策 （Decision- Making）	表决 （Voting）	1	第 8 条第 1-2 款："作为一般规则,北太平洋渔业委员会应以协商一致方式作出决定。除非本公约明确规定,应以协商一致方式作出决定,否则如果主席认为已尽一切努力,则:（a）委员会关于程序问题的决定应由投赞成票或反对票的多数成员国作出;（b）关于实质性问题的决定应由投赞成票或反对票的四分之三多数委员会成员国作出。"（Article 8（1-2）："As a general rule, the Commission shall make its decisions by consensus. Except where this Convention expressly provides that a decision shall be taken by consensus, if the Chairperson considers that all efforts to reach consensus have been exhausted:（a）decisions of the Commission on questions of procedure shall be taken by a majority of members of the Commission casting affirmative or negative votes; and（b）decisions on questions of substance shall be taken by a three-quarters majority of members of the Commission casting affirmative or negative votes. "）
	反对程序 （Objection）	0	第 9 条第 1（c）款："成员国可反对一个决定……"（Article 9（1）c:"A member of the Commission may object to a decision [...]"）
	反对理由 （Justification of the Objection）	1	第 9 条第 1（e）款："发通告的任何成员国……应同时书面解释其立场。……"（Article 9（1）e:"Any member of the Commission that makes a notification [...] at the same time, provide a written explanation of the grounds for its position. [...]"）

续表

类别 （Category）	标准 （Criteria）	得分 （Score）	理由 （Justification）
决策 （Decision-Making）	反对程序框架 （Framework of the Objection）	1	第 9 条第 1（c）款："成员国可以仅以某项决定不符合本公约、《1982 年联合国海洋法公约》或《1995 年鱼类种群协定》的规定，或某项决定在形式上或事实上无理歧视为由，反对该项决定。"（Article 9（1）c："A member of the Commission may object to a decision solely on the grounds that the decision is inconsistent with the provisions of this Convention, the 1982 Convention or the 1995 Agreement, or that the decision unjustifiably discriminates in form or in fact against the objecting member；"） 第 9 条第 1（e）款："通告的任何成员国……还必须采取和实施替代措施，这些措施与其反对的决定具有同等效力，并且适用日期相同。"（Article 9（1）e："any member of the Commission that makes a notification [...] must also adopt and implement alternative measures that are equivalent in effect to the decision to which it has objected and have the same date of application. "）
	审查小组 （Review Panel）	0.5	第 9 条第 1（g）款："……应其他成员国的请求，委员会应举行会议，审查反对意见。委员会应自费邀请两名或两名以上非委员会成员国的国民、对有关渔业的国际法和区域性渔业管理组织的运作有充分了解的专家参加会议，就有关事项向委员会提供咨询意见。……"（Article 9（1）g："[...] a Commission meeting shall take place at the request of any other member to review the decision to which the objection has been presented. The Commission shall, at its expense, invite to that meeting two or more experts who are nationals of non-members of the Commission and who have sufficient knowledge of international law related to fisheries and of the operation of regional fisheries management organizations to provide advice to the Commission on the matter in question. [...]"）

类别 （Category）	标准 （Criteria）	得分 （Score）	理由 （Justification）
合作 （Cooperation）	合作 （Cooperation）	1	CMM 2017-02 第 26 条："……执行秘书应将北太平洋渔业委员会非法、未报告和无管制捕捞渔船黑名单通报给粮农组织和其他区域性渔业管理组织，加强北太平洋渔业委员会与这些组织之间的合作，以防止、阻止和消除非法、未报告和无管制捕捞行为。"（CMM 2017-02）（CMM 2017-02, article 26:"[...] the Executive Secretary shall transmit the NPFC IUU Vessel List to the FAO and to other regional fisheries organizations for the purposes of enhancing cooperation between the NPFC and these organizations aimed at preventing, deterring and eliminating IUU fishing. "）
	交叉渔船黑名单 （Cross-listing）	0.5	（1）CMM 2017-02 第 27 条："在收到另一个区域性渔业管理组织建立的最终非法、未报告和无管制捕捞渔船黑名单以及关于该黑名单的任何其他信息，包括其修正黑名单后，执行秘书应将该黑名单通报给成员国/合作非缔约方，且其官网提供该信息。"（CMM 2017-02, article 27:"Upon receipt of the final IUU vessel list established by another Regional Fisheries Management Organization（RFMO）and any other information regarding the list including its modification, the Executive Secretary shall circulate it to Members/CNCPs and shall place it on the NPFC website. "（no cross-listing indicating the same treatment, just for information））（权重 0） （2）官网提供其他区域性渔业管理组织的非法、未报告和无管制捕捞渔船黑名单的链接（IUU vessel list from other RFMOs linked to the page）（权重 0.5）
履约审查 （Compliance Review）	履约审查机构及相关文件 （Compliance Review Body and Related Documents）	0	开发履约监测系统被列为北太平洋渔业委员会技术和履约委员会 2017-2020 年期间的优先事项；不久将公布关于不履约报告（第一期）。（Developing a Compliance Monitoring System（CMS）is listed as a priority for the NPFC Technical and Compliance Committee for the period 2017-2020; report on non-compliance to be delivered in the near future（1st issue）. ）

续表

类别 （Category）	标准 （Criteria）	得分 （Score）	理由 （Justification）
履约审查 （Compliance Review）	概述（养护和管理措施 的实施） （Summary （Implementation of CMMs））	0	无
	概述（数据收集） （Summary（Data Collection））	0	无
	制裁 （Sanctions）	1	（1）《北太平洋公海渔业资源养护和管理公约》第13 条第 11 款："根据第 16 条第 3 款的要求，凡未提交公约管辖区域内悬挂其船旗的渔船捕捞年份数据和资料的缔约方，在提供该数据和资料之前，不得参与相关捕捞行为。……"（Convention on the Conservation and Management of High Seas Fisheries Resources in the North Pacific Ocean, art. 13, par. 11："Any Contracting Party that do that does not submit the data and information required under Article 16, paragraph 3 in respect of any year in which fishing occurred in the Convention Area by fishing vessels entitled to fly its flag shall not participate in the relevant fisheries until that data and information has been provided. [...]"）（权重 1） （2）无（权重 0）
东南大西洋渔业组织 （SEAFO）			
监测、控制和 监督最低 标准 （MSC Minimum Standards）	授权渔船登记 （Registry of Authorised Vessels）	3	（1）东南大西洋渔业组织观察、检查、履约和执行系统（2017 年）第 4 条（SEAFO System of Observation, Inspection, Compliance and Enforcement（2017），Article 4） （2）东南大西洋渔业组织观察、检查、履约和执行系统（2017 年）第 4（d）条（SEAFO System of Observation, Inspection, Compliance and Enforcement（2017），Article 4（d）） （3）登记信息向公众开（http://www.seafo.org/Management/Authorized-Vessel-List）

续表

类别 （Category）	标准 （Criteria）	得分 （Score）	理由 （Justification）
监测、控制和监督最低标准 （MSC Minimum Standards）	渔获登记制度 （Catch Documentation Scheme）	0	仅限于渔获报告标准——东南大西洋渔业组织观察、检查、履约和执行系统（2017 年）第 10 条（Limited to catch reporting standards – SEAFO System of Observation，Inspection，Compliance and Enforcement（2017），Article 10）
	船舶监控系统 （Vessel Monitoring System）	1	（1）东南大西洋渔业组织观察、检查、履约和执行系统（2017 年）第 13 条（SEAFO System of Observation，Inspection，Compliance and Enforcement（2017），Article 13）（权重 1） （2）第 1（a）款："……自动向其船旗国的陆基渔业监测中心传送船舶监控系统数据……"（par1（a）："［...］automatically transmit VMS data to the land based Fisheries Monitoring Centre（FMC）of its flag State ［...］"）（权重 0）
	海上检查 （Inspections at Sea）	1	东南大西洋渔业组织观察、检查、履约和执行系统（2017 年）第 17 条（SEAFO System of Observation，Inspection，Compliance and Enforcement（2017），Article 17）
	观察员方案 （Observer Programme）	1	东南大西洋渔业组织观察、检查、履约和执行系统（2017 年）第 18 条（SEAFO System of Observation，Inspection，Compliance and Enforcement（2017），Article 18）
	转载监测方案 （Transhipment Monitoring Programme）	1	东南大西洋渔业组织观察、检查、履约和执行系统（2017 年）第 14 条（SEAFO System of Observation，Inspection，Compliance and Enforcement（2017），Article 14）
	港口检查 （Inspections in Port）	1	东南大西洋渔业组织观察、检查、履约和执行系统（2017 年）第 24 条（SEAFO System of Observation，Inspection，Compliance and Enforcement（2017），Article 24）
	指定登陆港 （Designation of Landing Ports）	2	（1）东南大西洋渔业组织观察、检查、履约和执行系统（2017 年）第 20 条（SEAFO System of Observation，Inspection，Compliance and Enforcement（2017），Article 20） （2）http：//www. seafo. org/Management/Authorized-Ports

续表

类别 （Category）	标准 （Criteria）	得分 （Score）	理由 （Justification）
非法、未报告 和无管制捕 捞渔船黑 名单 （IUU Vessel Listing）	记录 （Document）	1	东南大西洋渔业组织观察、检查、履约和执行系统（2017 年）第 27 条——非法、未报告和无管制捕捞渔船黑名单（SEAFO System of Observation, Inspection, Compliance and Enforcement（2017）, Article 24: Listing of IUU Vessels）
	链接 （Link）	–	http://www. seafo. org/Management/IUU
	覆盖范围 （Coverage）	1	第 2 款:"在每次年会上,委员会应确认以不符合东南大西洋渔业组织养护和管理措施方式从事公约所涵盖渔业资源的捕捞和与捕捞有关活动的渔船,并应按照下列程序和标准建立此类渔船的黑名单(非法、未报告和无管制捕捞渔船黑名单)。"（Par 2: "At each Annual Meeting, the Commission shall identify those vessels which have engaged in fishing and fishing related activities for fishery resources covered by the Convention in a manner which is inconsistent with SEAFO conservation and management measures, and shall establish a list of such vessels（the IUU Vessel List）, in accordance with the procedures and criteria set out below. "）
	证据 （Evidence）	2	（1）第 3 款:"除其他外,这种确认信息应被记录在缔约方关于东南大西洋渔业组织养护和管理措施的报告中……"（Par 3: "This identification shall be documented, inter alia, on reports from a Contracting Party relating to SEAFO conservation and management measures［...］"） （2）第 3 款:"除其他外,这种确认信息应被记录在……根据联合国粮农组织数据、统计文件和其他国家或国际可核查统计数据等相关贸易统计数据而获得的贸易信息内,以及从港口国获得和(或)从渔场收集的任何其他记录得当的信息也应被记录。"(包括合作非缔约方)（Par 3: "This identification shall be documented, inter alia, on［...］trade information obtained on the basis of relevant trade statistics such as Food and Agriculture Organization of the United Nations（FAO）data, statistical documents and other national or international verifiable statistics, as well as any other information obtained from port States and/or gathered from the fishing grounds which is suitably documented. "（that including CNCP））

类别 （Category）	标准 （Criteria）	得分 （Score）	理由 （Justification）
非法、未报告和无管制捕捞渔船黑名单 （IUU Vessel Listing）	受益所有人 （BO）	1	第 15（c）款："所有人和之前的所有人，包括受益所有人，如果有的话。"（Par 15（c）："owner and previous owners, including beneficial owners, if any."）
	列出理由 （Listing Justification）	2	（1）第 15（i）款："将该渔船列入非法、未报告和无管制捕捞渔船黑名单的活动描述，以及所有作为证据的参考资料。"（Par 15（i）："summary of activities which justify inclusion of the vessel on the List, together with references to all relevant documents informing of and evidencing those activities."） （2）非法、未报告和无管制捕捞渔船黑名单中包含关于非法、未报告和无管制活动的描述（Description of IUU activity available in the IUU vessel list）
	后续行动 （Follow-up）	2	（1）第 16（b）："采取一切必要措施消除这些非法、未报告和无管制捕捞行为，包括在必要时撤销这些渔船的注册或捕捞许可证，并向委员会通报在这方面采取的措施。"东南大西洋渔业组织观察、检查、遵守和执法系统（2017 年）；第 17.4 条："……在发现涉嫌违法的情况下，执行秘书应立即将所有船旗国提供的信息或所有补充报告以及从船旗国收到的任何意见（如果有）转发给所有缔约方。"（Par 16（b）："take all the necessary measures to eliminate these IUU fishing, including, if necessary, the withdrawal of the registration or the fishing licenses of these vessels, and to inform the Commission of the measures taken in this respect" [1]SEAFO System of Observation, Inspection, Compliance and Enforcement（2017）；Article 17.4: "[...] In the case where an alleged infringement is detected, all supplementary reports or information provided, and any comments received from the flag State of the vessel, if any, shall be forwarded to all Contracting Parties, by the Executive Secretary, without delay."）（权重 1）

类别 （Category）	标准 （Criteria）	得分 （Score）	理由 （Justification）
非法、未报告和无管制捕捞渔船黑名单 （IUU Vessel Listing）	后续行动 （Follow-up）	2	（2）第 17（e）款:"禁止与非法、未报告和无管制捕捞渔船黑名单上的渔船进行东南大西洋渔业组织公约所涵盖的渔业资源的商业交易、进口、卸货和（或）转载。"（Par 17（e）:"prohibit commercial transactions, imports, landings and/or transhipment of fisheries resourced covered by the SEAFO Convention caught by vessels on the IUU Vessel List."）（权重 1） （3）无（权重 0） （4）无（权重 0）
决策 （Decision-Making）	记录 （Document）	1	《东南大西洋渔业资源养护和管理公约》（2001 年）（Convention on the Conservation and Management of Fishery Resources in the South East Atlantic Ocean（2001））
	表决 （Voting）	0	第 17（1）条:"委员会关于实质性事项的决定应由出席会议的缔约方协商一致作出。一个问题是否属于实质问题其本身就是一个实质问题。"（Article 17（1）:"Decisions of the Commission on matters of substance shall be taken by consensus of the Contracting Parties present. The question of whether a matter is one of substance shall be treated as a matter of substance."） 第 17（2）条:"关于第 1 款所述事项以外的事项决定,应由出席并参加表决的缔约方的多数作出。"（第 17 条表明,在重要事项上,决策过程将默认为协商一致）（Article 17（2）:"Decisions on matters other than those referred to in paragraph 1 shall be taken by a simple majority of the Contracting Parties present and voting."（Article 17 suggests that on important matters, the decision-making process would default to consensus））

类别 （Category）	标准 （Criteria）	得分 （Score）	理由 （Justification）
决策 （Decision-Making）	反对程序 （Objection）	0	无（NA）
	反对理由 （Justification of the Objection）	0	无（NA）
	反对程序框架 （Framework of the Objection）	0	无（NA）
	审查小组 （Review Panel）	0	无（NA）
合作 （Cooperation）	合作 （Cooperation）	0.5	2017 年东南大西洋渔业组织观察、检查、履约和执行系统（2017 年）第 27 条第 18 款："执行秘书应将非法、未报告和无管制捕捞渔船黑名单和关于该黑名单的任何相关信息通报给南极海洋资源保护委员会、西北大西洋渔业组织和东北大西洋渔业委员会秘书处。"——限于少数区域性渔业管理组织。（SEAFO System 2017, article 27, par 18: "The Executive Secretary shall transmit the IUU Vessel List and any relevant information regarding the list to the secretariats of the Commission for the Conservation of Antarctic Marine Resources（CCAMLR）, the Northwest Atlantic Fisheries Organization（NAFO）and the North East Atlantic Fisheries Commission（NEAFC）." - limited to few RFMOs.）（权重 0.5）
	交叉渔船黑名单 （Cross-listing）	1	（1）2017 年东南大西洋渔业组织观察、检查、履约和执行系统（2017 年）第 27 条第 18 款："在收到下列区域性渔业管理组织(南极海洋生物资源养护委员会、西北大西洋渔业组织和东北大西洋渔业委员会)制定的非法、未报告和无管制的最终渔船黑名单后，执行秘书应将该名单的所有信息通报给缔约方。已列入相应黑名单的悬挂非缔约方船旗的渔船应酌情列入东北大西洋金枪鱼养护委员会非法、未报告和无管制捕捞渔船黑名单，已从相应黑名单中删除的悬挂非缔约方船旗的渔船应酌情从东北大西洋金枪鱼养护委员会非法、未报告和无管制捕捞渔船黑名单中删除，除非任何缔约方在执行秘书发出通知之日起 30 天内提出反对……"——有限、有条件的。

类别 （Category）	标准 （Criteria）	得分 （Score）	理由 （Justification）
合作 （Cooperation）	交叉渔船黑名单 （Cross-listing）	1	（SEAFO System 2017, article 27, par 19："Upon receipt of the Final IUU Vessel Lists established by the following RFMOs：CCAMLR, NAFO and NEAFC, any information regarding the lists, the Executive Secretary shall circulate this information to the Contracting Parties. Vessels that have been added to or deleted from the respective lists that are flagged to non-contracting parties shall be incorporated into or deleted from the SEAFO IUU Vessel List as appropriate, unless any Contracting Party objects within 30 days of the date of transmittal by the Executive Secretary [...]" – limited, conditional. ）（权重 0.5） （2）东南大西洋渔业组织将南极海洋生物资源养护委员会和东北大西洋渔业委员会的非法、未报告和无管制捕捞渔船黑名单交叉列出。东南大西洋渔业组织官网提供南太平洋区域性渔业管理组织非法、未报告和无管制捕捞渔船黑名单的链接。东南大西洋渔业组织 2016 年绩效评估还指出："东南大西洋渔业组织应考虑修订该制度第 28 条，承认所有相关区域性渔业管理组织，特别是南印度洋渔业协定的非法、未报告和无管制捕捞渔船黑名单。"未被添加到 2017 年东南大西洋渔业组织观察、检查、履约和执行系统（2017 年）中——进程受限。（SEAFO cross-lists IUU vessels lists from CCAMLR and NEAFC. SPRFMO IUU vessel list is linked to page. SEAFO 2016 Performance Review also states："SEAFO should consider amending the article 28 of the System in order to recognise IUU vessel lists of all relevant RFMOs, notably SIOFA. " This has not been added to SEAFO System 2017 – process is limited. ）（权重 0.5）

续表

类别 （Category）	标准 （Criteria）	得分 （Score）	理由 （Justification）
履约审查 （Compliance Review）	履约审查机构及相关文件 （Compliance Review Body and Related Documents）	1	自 2008 年以来,履约委员会每年举行会议（http://www. seafo. org/SEAFO-Bodies/Compliance-Committee/Compliance-Committee-Documents）;最新年度报告:2017 年履约委员会第 10 次年会报告（Compliance Committee gathers annually since 2008（http://www. seafo. org/SEAFO-Bodies/Compliance-Committee/Compliance-Committee-Documents）; latest annual report available: Report of the 10th Annual Meeting of the Compliance Committee（CC）- 2017）
	概述（养护和管理措施的实施） （Summary（Implementation of CMMs））	0. 5	关于履约情况的一般信息,例如与总许可渔获量相关的信息:"尊重委员会制定的总可渔获量。"（"Total Allowable Catches set by the Commission have been respected. "）（权重 0. 5）
	概述（数据收集） （Summary（Data Collection））	0	没有关于遵守数据提交要求的详细规定:东南大西洋渔业组织 2016 年绩效审查指出:"履约委员会强调,应根据该系统规定的义务,随时向委员会提供关于东南大西洋渔业组织公约管辖区域渔船上岸渔获量的检查报告。"（No details on compliance with data submission requirements: SEAFO 2016 Performance Review states: "the Compliance Committee highlighted that inspection reports concerning vessels landing catches from the SEAFO Convention Area should always be made available, in due time, to the Committee in accordance to the System's obligations. "）
	制裁 （Sanctions）	0	（1）东南大西洋渔业组织 2016 年绩效审查指出:"根据公约第 16 条第 3 款(d)项,在包括调查、报告程序、诉讼通知、奖励和(或)制裁以及其他执法行动标准在内的观察、检查、履约和执法系统下,对所发现的违法行为,尚未制定其后续程序。"（SEAFO 2016 Performance Review: "Procedures for follow-up on infringements detected under a system of observation, inspection, compliance and enforcement that includes standards of investigation, reporting procedures, notification of proceedings, incentives and/or sanctions and other enforcement actions, pursuant to Article 16（3）（d）of the Convention have yet to be developed. "） （2）无

类别（Category）	标准（Criteria）	得分（Score）	理由（Justification）
	南印度洋渔业协定（SIOFA）		
监测、控制和监督最低标准（MSC Minimum Standards）	授权渔船登记（Registry of Authorised Vessels）	3	（1）CMM2017/07 船舶授权和捕捞鱼类通告的养护和管理措施(授权船舶)（CMM2017/07 Conservation and Management Measure for Vessel Authorisation and Notification to Fish（Vessel Authorisation））（2）CMM2017/07 第 2 条第（d）项（CMM2017/07, Article 2（d））（3）登记信息向公众开放
	渔获登记制度（Catch Documentation Scheme）	0	至今未制定渔获登记制度，但南印度洋渔业协定正在探索与南极海洋生物资源养护委员会的犬牙鱼渔获登记制度合作（SIOFA, 2018[8]）——第 124 至 125 款；CMM 2018/10 协定管辖区域渔业监测养护和管理措施(监测)第 1 至 3 条中关于报告捕捞行为的规定。（No CDS in place, but SIOFA is exploring potential for cooperation with CCAMLR's toothfish CDS（SIOFA, 2018[8]）- par 124-125; provisions for reporting on fishing activities included in CMM 2018/10 Conservation and Management Measure for the Monitoring of Fisheries in the Agreement Area（Monitoring）, Article 1-3）
	船舶监控系统（Vessel Monitoring System）	1	（1）CMM 2017/10 协定管辖区域渔业监测养护和管理措施(监测)第 4 至 10 款（CMM 2017/10 Conservation and Management Measure for the Monitoring of Fisheries in the Agreement Area（Monitoring）, par 4-10）(权重 1)（2）第 4 款:"每一缔约方、合作非缔约方和渔业实体应确保在协定管辖区域内开展捕捞作业的悬挂其船旗的所有渔船，都装有向其主管当局报告捕捞作业的自动定位通信器装置。"（Par 4: "Each Contracting Party, CNCP and PFE shall ensure that all fishing vessels flying its flag that are operating in the Agreement Area are fitted with an operational automatic location communicator（ALC）unit reporting back to its competent authority. "）(权重 0)
	海上检查（Inspections at Sea）	0	南印度洋渔业协定正在制定公海登船检查制度（SIOFA, 2018[8]）——附件 10(SIOFA is inprocess of developing a High Seas Boarding Inspection Regime(SIOFA,2018[8])-AnnexX)

续表

类别 （Category）	标准 （Criteria）	得分 （Score）	理由 （Justification）
监测、控制和监督最低标准 （MSC Minimum Standards）	观察员方案 （Observer Programme）	0.5	CMM 2017/09 控制协定管辖区域捕捞行为的养护和管理措施（管理）第 8 款（科学观察员方案）。（CMM 2017/09, Conservation and Management Measure for Control of fishing activities in the Agreement Area（Control）, par 8（Scientific observer programme））（权重 0.5）
	转载监测方案 （Transhipment Monitoring Programme）	1	CMM 2017/10 协定区域渔业监测养护和管理措施（监测）第 11 至 13 款（CMM 2017/10 Conservation and Management Measure for the Monitoring of Fisheries in the Agreement Area（Monitoring）, par 11-13）
	港口检查 （Inspections in Port）	1	CMM 2017/08 建立港口检查计划的养护和管理措施（港口检查）（CMM 2017/08 Conservation and Management Measure establishing a Port Inspection Scheme（Port Inspection））
	指定登陆港 （Designation of Landing Ports）	2	（1）CMM 2017/08 建立港口检查计划的养护和管理措施（港口检查）（CMM 2017/08 Conservation and Management Measure establishing a Port Inspection Scheme（Port Inspection）） （2）http://www. apsoi. org/compliance/port-inspection-scheme
非法、未报告和无管制捕捞渔船黑名单 （IUU Vessel Listing）	记录 （Document）	1	CMM 2018/06 关于非法、未报告和无管制捕捞渔船黑名单的养护和管理措施（非法、未报告和无管制捕捞渔船黑名单）（自 2018 年 10 月 8 日起具有约束力）（CMM 2018/06 Conservation and Management Measure on the Listing of IUU Vessels（IUU List）［binding from 8 October 2018］）
	链接 （Link）	—	http://www. apsoi. org/node/89
	覆盖范围 （Coverage）	1	第 1 款："……缔约方会议应认定,对于在协定管辖区域违反南印度洋渔业协定养护和管理措施从事捕捞的渔船,应建立此类渔船的黑名单……" （Par 1:"[...] the Meeting of the Parties shall identify those vessels which have engaged in fishing in the Agreement Area in contravention of SIOFA CMMs and shall establish a list of such vessels [...]"）

类别 （Category）	标准 （Criteria）	得分 （Score）	理由 （Justification）
非法、未报告和无管制捕捞渔船黑名单 （IUU Vessel Listing）	证据 （Evidence）	2	（1）第 2 款："每一缔约方、合作非缔约方和渔业实体应每年，至少在缔约方每次常会前 90 天，使用附件 1 中的报告表向秘书处提交涉嫌在协定管辖区域内进行非法、未报告和无管制捕捞活动的渔船的资料，同时附上所有关于涉嫌涉足非法、未报告和无管制捕捞行为的现有支持证据。"（Par 2："Each Contracting Party, cooperating non-Contracting Party（CNCP）and participating fishing entity（PFE）shall every year, and at least 90 days before each ordinary Meeting of the Parties, transmit to the Secretariat, using the Reporting Form in Annex I, information on vessels presumed to have engaged in IUU fishing activities in the Agreement Area, accompanied by all available supporting evidence concerning the presumption of the IUU fishing activities."） （2）第 6 款："根据第 2 或 26 款收到的信息以及秘书处掌握的任何其他信息，秘书处应起草一份南印度洋渔业协定非法、未报告和无管制捕捞渔船名单草案……"（Par 6："On the basis of the information received pursuant to paragraphs 2 or 26, and any other information at its disposal, the Secretariat shall draw up a Draft SIOFA IUU Vessel List [...]"）
	受益所有人 （BO）	1	第 17（c）款："所有人和之前的所有人，包括受益所有人，如果有的话。"（Par 17（c）："owner and previous owners, including beneficial owners, if any."）
	列出理由 （Listing Justification）	2	（1）第 17（i）款："将该渔船列入非法、未报告和无管制捕捞渔船黑名单的捕捞活动概述，以及所有作为证据的参考资料。"（Par 17（i）"summary of activities which justify inclusion of the vessel on the IUU Vessel List, together with references to all relevant documents informing of and evidencing those activities."） （2）非法、未报告和无管制捕捞渔船黑名单包含有关于非法、未报告和无管制活动的描述（Description of IUU activity available in the IUU vessel list）

类别 （Category）	标准 （Criteria）	得分 （Score）	理由 （Justification）
非法、未报告和无管制捕捞渔船黑名单 （IUU Vessel Listing）	后续行动 （Follow-up）	2	（1）第 19 款："缔约方、合作非缔约方和渔业实体应根据其适用立法采取一切必要措施……" （Par 19: "Contracting Parties, CNCPs and PFEs shall take all necessary measures under their applicable legislation […]"） （2）第 19（g）款："禁止与非法、未报告和无管制捕捞渔船黑名单上的渔船进行商业交易，如进行协定管辖渔业资源的进口、出口或再出口、卸货和转载，以及涉及此类渔业资源的其他行动。" （Par 19（g）: "prohibit commercial transactions, such as imports, exports or re-exports, landings and transhipment of fisheries resources covered by the Agreement, as well as other operations involving such fisheries resources, from vessels on the IUU Vessel List"） （3）无 （4）无
决策 （Decision-Making）	记录 （Document）	1	南印度洋渔业协定（2006 年）（Southern Indian Ocean Fisheries Agreement（2006））
	表决 （Voting）	0	第 8（1）条："除非本协定另有规定，缔约方会议及其附属机构关于实质性事项的决定，应由出席会议的缔约方协商一致作出，协商一致是指在作出决定时没有任何正式反对意见。一个事项是否是实质性问题本身就是一个实质性问题。" （Article 8（1）: "Unless otherwise provided in this Agreement, decisions of the Meeting of the Parties and its subsidiary bodies on matters of substance shall be taken by the consensus of the Contracting Parties present, where consensus means the absence of any formal objection made at the time a decision is taken. The question of whether a matter is one of substance shall be treated as a matter of substance. "）
	反对程序 （Objection）	0	无（NA）
	反对理由 （Justification of the Objection）	0	无（NA）

类别 （Category）	标准 （Criteria）	得分 （Score）	理由 （Justification）
决策 （Decision- Making）	反对程序框架 （Framework of the Objection）	0	无（NA）
	审查小组 （Review Panel）	0	无（NA）
合作 （Cooperation）	合作 （Cooperation）	1	CMM 2018/06 第 24 款:"……秘书处将所述（非法、未报告和无管制捕捞渔船）黑名单和任何关于非法、未报告和无管制捕捞渔船黑名单的相关信息通报给粮农组织和以下组织的秘书处,加强南度洋渔业协定与这些组织的合作,以防止、阻止和消除非法、未报告和无管制捕捞行为……" （CMM 2018/06, part 24: "[...] the Secretariat shall transmit said〔IUU Vessel〕List and any relevant information regarding the IUU Vessel List to the FAO and to the secretariats of the following organisations for the purposes of enhancing cooperation between SIOFA and these organizations aimed at preventing, deterring and eliminating IUU fishing〔...〕" ）
	交叉渔船黑名单 （Cross-listing）	1	（1）CMM 2018/06 第 25 款:"在收到南极海洋生物资源养护委员会、南方蓝鳍金枪鱼养护委员会、国际大西洋金枪鱼养护委员会、印度洋金枪鱼委员会、美洲间热带金枪鱼委员会、地中海渔业总理事会、西北大西洋渔业组织、东北大西洋渔业委员会、北太平洋渔业委员会、东南大西洋渔业组织、南太平洋渔业管理组织和中西太平洋渔业委员会制定的非法、未报告和无管制捕捞渔船最后黑名单以及与黑名单相关的任何信息后,秘书处应根据缔约方会议议事规则第 13 条,在闭会期间将这些信息通报给缔约方、合作非缔约方和渔业实体,以便修订南印度洋渔业协定非法、未报告和无管制捕捞渔船黑名单。在各自组织的最终非法、未报告和无管制捕捞渔船黑名单中增加或删除渔船应酌情考虑此黑名单中增加或删除的渔船,除非任何缔约方在执行秘书发出通知之日起 30 天内提出反对。"——有条件的

类别 （Category）	标准 （Criteria）	得分 （Score）	理由 （Justification）
合作 （Cooperation）	交叉渔船黑名单 （Cross-listing）	1	（CMM 2018/06，par 25："upon receipt of the Final IUU Vessel Lists established by CCAMLR, CCSBT, ICCAT, IOTC, IATTC, GFCM, NAFO, NEAFC, NPFC, SEAFO, SPRFMO and WCPFC, and any information regarding the Lists, the Secretariat shall circulate this information to Contracting Parties, CNCPs and PFEs for the purpose of amending the SIOFA IUU Vessel List during the intersessional period in accordance with Rule 13 of the Rules of Procedures of the Meeting of the Parties. Vessels that have been added to or deleted from the respective organisations' Final IUU Vessel Lists shall be incorporated into or deleted，as appropriate，from the IUU Vessel List, unless any Contracting Party objects in writing within 30 days of the date of transmittal by the Secretariat. " - conditional.)（权重 0.5） （2）官网提供其他区域性渔业管理组织非法、未报告和无管制捕捞渔船黑名单的链接（IUU vessel list from other RFMOs linked to the page)（权重0.5）
履约审查 （Compliance Review）	履约审查机构及相关文件 （Compliance Review Body and Related Documents）	1	自 2017 年以来，履约委员会每年举行会议（会议报告见 http://www.apsoi.org/node/54）；CMM 2018/11 建立南印度洋渔业协定履约监测计划的养护和管理措施中的现有规定；CMM 2018/02 协定管辖区域内渔业活动数据收集、报告、核查和交换的养护和管理措施（数据标准）（Compliance Committee gathers annually since 2017（reports from meetings available at https://www.apsoi.org/node/54）；current provisions available in CMM 2018/11 Conservation and Management Measure for the Establishment of a Southern Indian Ocean Fisheries Agreement（SIOFA）Compliance Monitoring Scheme；provisions for data submission requirements available in CMM 2018/02 Conservation and Management Measure for the Collection, Reporting, Verification and Exchange of Data relating to fishing activities in the Agreement Area（Data Standards））

续表

类别 （Category）	标准 （Criteria）	得分 （Score）	理由 （Justification）
履约审查 （Compliance Review）	概述（养护和管理措施的实施） （Summary（Implementation of CMMs））	0.5	南印度洋渔业协定官网提供缔约方和合作非缔约方提交的自我评估报告的链接；于 2019 年发布履约报告（与南印度洋渔业协定秘书处沟通获知） （Self-assessment reports submitted by CPs/CNCPs available on SIOFA's web page；publication of compliance report planned for 2019（communication with SIOFA Secretariat））（权重 0.5）
	概述（数据收集） （Summary（Data Collection））	0.5	缔约方、合作非缔约方提交的自我评估报告可在南印度洋渔业协定网页上查阅。（权重 0.5）
	制裁 （Sanctions）	1	（1）CMM 2018/11 第 7 款："缔约方会议将使用附件 1 来确认履约状态，并确定对不履约行为采取的任何后续行动，包括所需的任何补救或纠正行动。"（CMM 2018/11，par 7："The Meeting of the Parties will apply Annex I to assign a compliance status and determine any follow-up actions to non-compliance including any remedial or corrective actions needed. "）（权重 1） （2）无（权重 0）
南太平洋区域性渔业管理组织 （SPRFMO）			
监测、控制和监督最低标准 （MSC Minimum Standards）	授权渔船登记 （Registry of Authorised Vessels）	3	（1）CMM 05-2016 建立南太平洋渔业管理组织公约区域获授权捕捞渔船的委员会记录（2016 年 4 月 29 日起具有约束力）（CMM 05-2016 Establishment of the Commission Record of Vessels Authorised to Fish in the SPRFMO Convention Area（binding 29-04-2016）） （2）CMM05-2016 附件 1 第 2e 部分（自 2016 年起）（CMM 05-2016，Annex 1，pt. 2e（since 2016）） （3）登记信息向公众开放：https：//www. sprfmo. int/measures/record-of-vessels/
	渔获登记制度 （Catch Documentation Scheme）	0	仅有数据收集方案：CMM 02-2018 数据收集、报告、核实和交换标准（自 2018 年起）（CMM 02-2018 Standards for the Collection, Reporting, Verification and Exchange of Data（from 2018））

续表

类别 （Category）	标准 （Criteria）	得分 （Score）	理由 （Justification）
监测、控制和监督最低标准 （MSC Minimum Standards）	船舶监控系统 （Vessel Monitoring System）	2	（1）CMM 06-2018 在南太平洋渔业管理组织公约管辖区域建立船舶监控系统（从 2018 年开始）（CMM 06-2018 Establishment of the Vessel Monitoring System in the SPRFMO Convention Area（from 2018）） （2）CMM 06-2018 第 7 款："在委员会的指导下，秘书处管理委员会船舶监控系统。"（CMM 06-2018, par 7: "The Commission VMS shall be administered by the Secretariat under the guidance of the Commission." ）
	海上检查 （Inspections at Sea）	1	CMM 11-2015 南太平洋渔业管理组织公约管辖区域的登临检查程序（CMM 11-2015 Boarding and Inspection Procedures in the SPRFMO Convention Area）
	观察员方案 （Observer Programme）	0	CMM 16-2018 南太平洋渔业管理组织观察员方案（从 2019 年开始）（CMM 16-2018 The SPRFMO Observer Programme（from 2019））
	转载监测方案 （Transhipment Monitoring Programme）	1	CMM 12-2018 转载和其他转载活动法规（自 2018 年起）（CMM 12-2018 Regulation of Transhipment and Other Transfer Activities（from 2018））
	港口检查 （Inspections in Port）	1	CMM 07-2017 港口检查最低标准（CMM 07-2017 Minimum Standards of Inspection in Port）
	指定登陆港 （Designation of Landing Ports）	2	（1）CMM 07-2017 港口检查最低标准（CMM 07-2017 Minimum Standards of Inspection in Port） （2）https://www. sprfmo. int/measures/points-of-contact/
非法、未报告和无管制捕捞渔船黑名单 （IUU Vessel Listing）	记录 （Document）	1	CMM 04-2017 建立被确认在南太平洋渔业管理组织公约管辖区域开展非法、未报告和无管制捕捞行为的渔船黑名单（2017 年 4 月 23 日起具有约束力）（CMM 04-2017 Establishing a List of Vessels Presumed to Have Carried Out Illegal, Unreported and Unregulated Fishing activities in the SPRFMO Convention Area（binding 23-04-2017））
	链接 （Link）	—	https://www. sprfmo. int/measures/iuu-lists/

类别 （Category）	标准 （Criteria）	得分 （Score）	理由 （Justification）
非法、未报告和无管制捕捞渔船黑名单 （IUU Vessel Listing）	覆盖范围 （Coverage）	1	第1款："就该养护和管理措施而言，悬挂非成员、成员或合作非缔约方船旗的渔船涉嫌在公约区域开展非法、未报告和无管制的活动……"（Par 1: "For the purposes of this CMM, the fishing vessels flying the flag of a non-Member, or a Member or a Cooperating non-Contracting Party, are presumed to have carried out IUU activities in the Convention Area [...]"）
	证据 （Evidence）	2	（1）第1款："……涉嫌在公约管辖区域开展非法、未报告和无管制的活动，特别是当一个成员国或合作非缔约方提出证据时……"（Par 1: "[...] presumed to have carried out IUU activities in the Convention Area, inter alia, when a Member or a CNCP presents evidence [...]"） （2）第4款："根据第2款收到的信息和（或）他/她掌握的任何其他记录得当的书面信息……"（Par 4: "On the basis of the information received pursuant to paragraph 2 and/or any other suitably documented information at his/her disposal [...]"）
	受益所有人 （BO）	1	附件1第1（c）条："船舶所有人和之前所有人的姓名和地址，包括受益所有人（如果有的话），以及所有人的注册地。"（Annex I. 1 (c): "Name and address of owner of vessel and previous owners, including beneficial owners, if any, and owner's place of registration."）
	列出理由 （Listing Justification）	2	（1）第1款第（1）项："已知对涉嫌非法、未报告和无管制捕捞行为采取的任何行动的概述。"（Par 1 (1): "Summary of any actions known to have been taken in respect of the alleged IUU fishing activities."） （2）非法、未报告和无管制捕捞渔船黑名单包含"将渔船列入黑名单的行为总结"信息（IUU vessel list includes a line: "Summary of activities that justify the inclusion of the vessel on the List"）
	后续行动 （Follow-up）	2	（1）第14款："成员国和合作非缔约方应根据其适用立法和国际法，采取一切必要的非歧视性措施……"（Par 14: "Members and CNCPs shall take all necessary non-discriminatory measures, under their applicable legislation and international law [...]"）（权重1）

类别 （Category）	标准 （Criteria）	得分 （Score）	理由 （Justification）
非法、未报告和无管制捕捞渔船黑名单 （IUU VesselListing）	后续行动 （Follow-up）	2	（2）第 14 款第（7）条："禁止从非法、未报告和无管制黑名单所列渔船进口或卸货和（或）转载公约涵盖的物种。"（A Par 14（7）："to prohibit the imports, or landing and/or transhipment, of species covered by the Convention from vessels included in the IUU List."）（权重 1） （3）无（权重 0） （4）无（权重 0）
决策 （Decision-Making）	记录 （Document）	1	南太平洋区域性渔业管理组织 2015 年《南太平洋公海渔业资源养护和管理公约》（SPRFMO Convention on the Conservation and Management of High Seas Fishery Resources in the South Pacific Ocean 2015）
	表决 （Voting）	1	第 16 条："1. 作为一般规则，委员会的决定应以协商一致方式作出。就本条而言，'协商一致'是指在作出决定时没有任何正式反对意见。2. 除非本公约明确规定某决定应以协商一致方式作出，否则如果主席认为已尽一切努力以协商一致方式作出决定：（a）委员会关于程序问题的决定应由投赞成票或反对票的委员会多数成员国作出；关于实质性问题的决定应由投赞成票或反对票的委员会成员国的四分之三多数作出。"（Article 16："1. As a general rule, decisions by the Commission shall be taken by consensus. For the purpose of this Article, "consensus" means the absence of any formal objection made at the time the decision was taken. 2. Except where this Convention expressly provides that a decision shall be taken by consensus, if the Chairperson considers that all efforts to reach a decision by consensus have been exhausted：（a）decisions of the Commission on questions of procedure shall be taken by a majority of the members of the Commission casting affirmative or negative votes；and（b）decisions on questions of substance shall be taken by a three-fourths majority of the members of the Commission casting affirmative or negative votes."）

类别 （Category）	标准 （Criteria）	得分 （Score）	理由 （Justification）
决策 （Decision- Making）	反对程序 （Objection）	0	第 17 条第 2 款 a 项:"委员会任何成员国均可在通知之日起 60 天'反对期'内向执行秘书提出对此决定的反对。"（Article 17（2）a:"Any member of the Commission may present to the Executive Secretary an objection to a decision 60 days of the date of notification "the objection period". "）
	反对理由 （Justification of the Objection）	1	第 17 条第 2 款第 b 项:"提出反对的委员会成员国应同时:（1）详细说明其反对的理由;（2）采取与他所反对的决定等效的并具有相同适用日期的替代措施;（3）向执行秘书建议此类替代措施相关的条款。"（Article 17（2）b:"A member of the Commission that presents an objection shall at the same time:（i）specify in detail the grounds for its objection;（ii）adopt alternative measures that are equivalent in effect to the decision to which it has objected and have the same date of application; and （iii）advise the Executive Secretary of the terms of such alternative measures. "）
	反对程序框架 （Framework of the Objection）	1	第 17 条第 2 款第 c 项:"反对的唯一可认可的理由是,该决定在形式上或事实上无理歧视委员会成员国,或者不符合本公约或《1982 年联合国海洋法公约》或《1995 年渔业种群协定》所反映的其他相关国际法规定。"（Article 17（2）c:"The only admissible grounds for an objection are that the decision unjustifiably discriminates in form or in fact against the member of the Commission, or is inconsistent with the provisions of this Convention or other relevant international law as reflected in the 1982 Convention or the 1995 Agreement. "） 第 17 条第 2 款第 b 项:提出反对的委员会成员国应同时:……（2）采取与其所反对的决定等效的具有相同适用日期的替代措施……（Article 17（2）b:"A member of the Commission that presents an objection shall at the same time:[...] （ii）adopt alternative measures that are equivalent in effect to the decision to which it has objected and have the same date of application[...]"）

类别 （Category）	标准 （Criteria）	得分 （Score）	理由 （Justification）
决策 （Decision-Making）	审查小组 （Review Panel）	1	第 17 条第 5 款第 a 项:"委员会成员国根据第 2 款提出反对时,应在反对期结束后 30 天内成立审查小组。审查小组应按照附件 2 中的程序设立。"（Article 17（5）a: "When an objection is presented by a member of the Commission pursuant to paragraph 2, a Review Panel shall be established within 30 days after the end of the objection period. The Review Panel shall be established in accordance with the procedures in Annex II. "）
合作 （Cooperation）	合作 （Cooperation）	1	CMM 04-2017 第 15 款:"……执行秘书将非法、未报告和无管制捕捞行为黑名单通报给粮农组织和适当的其他区域性渔业管理组织,加强南太平洋渔业管理组织和这些组织之间的合作,以防止、阻止和消除非法、无管制和未报告捕捞行为。"（CMM 04-2017, par 15:"[...] the Executive Secretary will transmit the IUU List to the FAO and to appropriate regional fisheries organisations for the purposes of enhanced co-operation between SPRFMO and these organisations in order to prevent, deter and eliminate IUU fishing. "）
	交叉渔船黑名单 （Cross-listing）	2	（1）CMM 04-2017 第 16 款:"在收到另一个区域性渔业管理组织建立的最终非法、未报告和无管制捕捞渔船黑名单以及关于该黑名单的任何其他信息,包括黑名单修改,执行秘书应将该黑名单通报给成员国和合作非缔约方,且在南太平洋渔业管理组织网站提供相关信息的链接。"（CMM 04-2017, par 16: "Upon receipt of the final IUU vessel list established by another Regional Fisheries Management Organisation（RFMO）, and any other information regarding the list, including its modification, the Executive Secretary shall circulate it to the Members and CNCPs and shall place it on the SPRFMO web site. "）

类别 （Category）	标准 （Criteria）	得分 （Score）	理由 （Justification）
合作 （Cooperation）	交叉渔船黑名单 （Cross-listing）	2	（2）CMM 04-2017 第 17 款："第 14 款所述措施应比照适用于另一区域性渔业管理组织制定的并在南太平洋渔业管理组织公约区内作业的最终非法、未报告和无管制黑名单所列的渔船。"（根据 CMM 04-2017，其他区域性渔业管理组织的非法、未报告和无管制捕捞行为黑名单被自动识别）南太平洋渔业管理组织官网提供其他区域性渔业管理组织非法、未报告和无管制捕捞行为黑名单的链接。（CMM 04-2017, par 17: "Measures referred to in paragraph 14 shall apply mutatis mutandis to fishing vessels included in the final IUU list established by another RFMO and operating in the SPRFMO Convention Area. "（IUU lists of other RFMOs are automatically recognised according to CMM 04-2017）Links to other RFMOs IUU lists available on the SPRFMO page. ）
履约审查 （Compliance Review）	履约审查机构及相关文件 （Compliance Review Body and Related Documents）	1	自 2016 年以来，委员会每年根据养护和管理措施 10（建立南太平洋渔业管理组织公约管辖区域履约和监测计划，2018 年进行了最新修订，取代 2015 年措施 3.03 和 2016 年措施 4.10）通过履约报告（Compliance Report）；只有 2016 年履约报告可在网上查阅。（SPRFMO COMM-04（2016）Annex I）（The Commission adopts a Compliance Report in accordance with CMM 10（Establishment of a Compliance and Monitoring Scheme in the SPRFMO Convention Area, most recently revised in 2018, superseding measure 3.03 from 2015 and measure 4.10 from 2016）annually since 2016（https://www.sprfmo.int/measures/compliance-reports/）; only 2016 final compliance report is available online（SPRFMO COMM-04（2016）Annex I）.）《南太平洋渔业管理组织公约》第 24 条详细规定了委员会成员国的义务，其第 2 款规定："委员会任一成员国应每年向委员会报告，说明其对委员会通过的养护和管理措施的执行方式以及遵守和执行程序。对于沿海国缔约方，根据第 20 条第 4 款和第 4 条规定，其报告内容需包括在其管辖范围内毗邻公约区域的水域内为跨界捕捞渔业资源所采取的养护和管理措施。此类报告应向公众公开。

类别 （Category）	标准 （Criteria）	得分 （Score）	理由 （Justification）
履约审查 （Compliance Review）	履约审查机构及相关 文件 （Compliance Review Body and Related Documents）		（Article 24 of the SPRFMO Convention details the Obligations of Members of the Commission and its paragraph 2 states: "Each member of the Commission shall report to the Commission on an annual basis indicating how it has implemented the conservation and management measures and compliance and enforcement procedures adopted by the Commission. In the case of coastal State Contracting Parties, the report shall include information regarding the conservation and management measures they have taken for straddling fishery resources occurring in waters under their jurisdiction adjacent to the Convention Area in accordance with Article 20 paragraph 4 and Article 4. Such reports shall be made publicly available." ）
	概述（养护和管理措施 的实施） （Summary （Implementation of CMMs））	1	2018 年履约报告包括对缔约方、合作非缔约方遵 守养护和管理措施的评估；每个缔约方、合作非 缔约方都有独立的自我评估执行报告。（Latest compliance report（2018）includes assessment of compliance with CMMs by CP/CNCP; individual self-assessment implementation reports available for each CP/CNCP countries. ）
	概述（数据收集） （Summary（Data collection））	1	2016 年履约报告包含对缔约方、合作非缔约方 遵守数据提交要求的评估报告；个体自我评估执 行报告包含对"您是否能够满足 CMM 02-2017 （数据标准）第 1 款第（b）、（c）和（d）项中描述的 数据收集要求"等问题的回答（关于捕捞行为、对 非目标物种影响和转载／卸货的信息）。（Latest compliance report（2016）includes assessment of compliance with data submission requirements by CP/CNCP; individual self-assessment implementation reports include answers to questions such as 'Were you able to meet the data collection requirements described in CMM 02-2017（Data Standards）paragraphs 1（b）（c）and（d）?（Being information on fishing activity, non-target species impacts and transhipments/landings）'. ）

类别 （Category）	标准 （Criteria）	得分 （Score）	理由 （Justification）
履约审查 （Compliance Review）	制裁 （Sanctions）	0	（1）CMM 10-2018:"委员会应将制定弥补养护和管理措施的流程作为优先事项,该流程将确定一系列针对不履约事件的具体应对行动,委员会可通过养护和管理措施执行这些行动,包括惩罚和任何促进履约的其他必要行动、养护和管理措施以及养护管理系统中的其他义务。"（CMM 10-2018: "The Commission should develop, as a matter of priority, a process to complement the CMS that identifies a range of specific responses to noncompliance events that may be applied by the Commission through the implementation of the CMS. This shall include penalties and any other actions as may be necessary to promote compliance with the Convention, CMMs and other obligations included in the CMS. " ） （2）履约报告中没有关于制裁的信息（No information on sanctions available in the compliance report）
中西太平洋渔业委员会 （WCPFC）			
监测、控制和监督最低标准 （MSC Minimum Standards）	授权渔船登记 （Registry of Authorised Vessels）	3	（1）《中西太平洋渔业委员会渔船记录和捕捞许可的养护和管理措施》（Conservation and Management Measure for WCPFC Record of Fishing Vessels and Authorizations to Fish（CMM 2017-05）） （2）CMM 2017-05 第 6 条第（s）项（CMM 2017-05, Article 6（s））;第 2013-10 号决议（Resolution 2013-10）（自 2016 年起） （3）登记信息向公众开放（https://www.wcpfc.int/record-fishing-vessel-database）
	渔获登记制度 （Catch Documentation Scheme）	0	尽管 2005 年就开始开展大眼金枪鱼渔获登记制度制定工作,中西太平洋渔业委员会尚未为其管辖范围内的任何物种实施渔获登记制度（ISSF,2016[9]）;渔获量报告——每日渔获量和努力量报告的养护和管理措施（"WCPFC has not yet implemented a CDS for any species under its mandate, despite work commencing as early as 2005 to develop a CDS for bigeye tuna"（ISSF, 2016[9]）;Catch reporting - Conservation and Management Measure on daily catch and effort reporting（CMM 2013-05））

类别 （Category）	标准 （Criteria）	得分	理由 （Justification）
监测、控制和监督最低标准 （MSC Minimum Standards）	船舶监控系统 （Vessel Monitoring System）	2	（1）CMM 2014-02（委员会船舶监控系统） （CMM 2014-02（Commission Vessel Monitoring System）） （2）第 7 款第（a)项："委员会船舶监控系统应是一个独立的系统——由中西太平洋渔业委员会秘书处在委员会的指导下开发和管理，该系统直接从在公约管辖区域公海上作业的渔船接收数据……"（Par 7(a): "The Commission VMS shall be a stand-alone system: -developed in and administered by the Secretariat of WCPFC under the guidance of the Commission, which receives data directly from fishing vessels operating on the high seas in the Convention Area [...]" ）
	海上检查 （Inspections at Sea）	1	CMM 2006-08 中西太平洋渔业委员会登临检查程序（CMM 2006-08（Western Central Pacific Fisheries Commission Boarding and Inspection Procedures）
	观察员方案 （Observer Programme）	1	CMM 2007-01
	转载监测方案 （Transhipment Monitoring Programme）	1	CMM 2009-06
	港口检查 （Inspections in Port）	1	CMM 2017-02 港口国养护和管理措施最低标准（CMM 2017-02（Conservation and Management Measure on Minimum Standards for Port State Measures）
	指定登陆港 （Designation of Landing Ports）	0	（1）CMM 2017-02 第 6 款鼓励每一个缔约方、合作非缔约方指定港口，用于检查涉嫌从事非法、未报告和无管制捕捞活动或支持非法、未报告和无管制捕捞相关活动的渔船，但不指定登陆港口。（Paragraph 6 of CMM 2017-02 encourages each CP/CNCP to designate ports for the purpose of inspection of fishing vessels suspected of engaging in IUU fishing or fishing related activities in support of IUU fishing, but does not designate landing ports. ） （2）无列表

类别 （Category）	标准 （Criteria）	得分	理由 （Justification）
非法、未报告和无管制捕捞渔船黑名单 （IUU Vessel Listing）	记录 （Document）	1	关于建立涉嫌在中西太平洋从事非法、未报告和无管制捕捞活动的渔船名单的养护和管理措施 2010-06（Conservation and Management Measure 2010-06 to Establish a List of Vessels Presumed to Have Carried Out Illegal, Unreported and Unregulated Fishing Activities in the WCPO）
	链接 （Link）	-	http：//www. wcpfc. int/wcpfc-iuu-vessel-list
	覆盖范围 （Coverage）	1	第 1 款："在每一次年会上，委员会将明确在公约管辖区域损害《中西太平洋渔业公约》和中西太平洋渔业委员会现行措施效力，从事公约所涵盖物种捕捞活动的渔船……"（Par 1："At each annual meeting, the Commission will identify those vessels which have engaged in fishing activities for species covered by the Convention within the Convention Area in a manner which has undermined the effectiveness of the WCPF Convention and the WCPFC measures in force [...]"） 第 7 款："执行主任应要求非法、未报告和无管制捕捞行为渔船黑名单草案上的每一个公约缔约方和非公约缔约方，告知渔船所有人，他们被列入非法、未报告和无管制捕捞渔船黑名单，以及他们被确认列入黑名单的后果。"（Par 7："The Executive Director shall request each CCM and non-CCM with vessels on the draft IUU Vessel List to notify the owner of the vessels of their inclusion in that list, and of the consequences of their inclusion being confirmed in the IUU Vessel List."）
	证据 （Evidence）	2	（1）第 2 款："这种确认应适当记录在成员国、合作非成员国和参与地区（统称为 CCM）的报告中……"（Par 2："This identification shall be suitably documented, inter alia, on reports from Members, Cooperating Non-Members and Participating Territories（collectively CCMs）[...]"）

续表

类别 （Category）	标准 （Criteria）	得分	理由 （Justification）
非法、未报告和无管制捕捞渔船黑名单 （IUU Vessel Listing）	证据 （Evidence）	2	（2）第 6 款："执行主任应起草一份非法、未报告和无管制捕捞渔船黑名单草案，其中包含渔船黑名单和根据第 4 款收到的记录信息，以及他所掌握的任何其他记录得当的信息。"（Par 6："The Executive Director shall draw up a draft IUU Vessel List incorporating the lists of vessels and suitably documented information received pursuant to para 4, and any other suitably documented information at his disposal."）
	受益所有人 （BO）	1	第 19 款第 3 条："所有人和之前所有人，包括受益所有人，如果有。"（Par 19（iii）："owner and previous owners, incl-uding beneficial owners, if any."）
	列出理由 （Listing Justification）	2	（1）第 19 款第 9 条："将该渔船列入非法、未报告和无管制捕捞渔船黑名单的活动概述，以及所有作为证据的参考资料。"（Par 19（ix）："Summary of activities which justify inclusion of the vessel on the list, together with references to all relevant documents informing of and evidencing those activities."） （2）非法、未报告和无管制捕捞渔船黑名单包含关于非法、未报告和无管制捕捞活动的描述（Description of IUU activity available in the IUU vessel list）
	后续行动 （Follow-up）	2	（1）第 22 款："公约缔约方应根据其适用的立法、国际法和每个公约缔约方的国际义务，并根据《防止、阻止和消除非法、未报告和无管制捕捞的国际行动计划》第 56 和 66 章，采取所有必须的非歧视性措施……"（Par 22："CCMs shall take all necessary non-discriminatory measures under their applicable legislation, international law and each CCMs' international obligations, and pursuant to paras 56 and 66 of the IPOA-IUU [...]"）（权重 1）

类别 （Category）	标准 （Criteria）	得分	理由 （Justification）
非法、未报告和无管制捕捞渔船黑名单 （IUU Vessel Listing）	后续行动 （Follow-up）	2	（2）第 22 款第（e）条："禁止与中西太平洋渔业委员会非法、未报告和无管制捕捞渔船黑名单上的渔船进行商业交易、商品进口、卸货和（或）转载中西太平洋渔业委员会公约涵盖的物种；"（Par 22（e）："prohibit commercial transactions, imports, landings and/or transhipment of species covered by the WCPFC Convention from vessels on the WCPFC IUU Vessel List；"）（权重 1） （3）无（权重 0） （4）无（权重 0）
决策 （Decision-Making）	记录 （Document）	1	《中西太平洋高度洄游鱼类种群养护和管理公约》（2000 年）（Convention on the Conservation and Management of Highly Migratory Fish Stocks in the Western and Central Pacific Ocean（2000））
	表决 （Voting）	1	第 20 条第 1-2 款："作为一般规则，委员会决策应以协商一致方式进行。就本规则而言，'协商一致'是指在作出决定时没有任何正式反对意见。如果已尽一切努力以协商一致方式作出决定，委员会就程序问题进行的表决应由出席并参加表决的多数作出。……"（Article 20（1-2）："As a general rule, decision-making in the Commission shall be by consensus. For the purposes of these rules, "consensus" means the absence of any formal objection made at the time the decision was taken. If all efforts to reach a decision by consensus have been exhausted, decisions by voting in the Commission on questions of procedure shall be taken by a majority of those present and voting. [...]"）
	反对程序 （Objection）	0	第 20 条第（1）款："就本规则而言，'协商一致'是指在作出决定时没有任何正式反对意见。"（Article 20（1）："For the purposes of these rules, "consensus"means the absence of any formal objection made at the time the decision was taken."）
	反对理由 （Justification of the Objection）	1	虽然没有直接提及，但反对框架显示了这一点。（Although not mentioned directly, implied by the objection framework.）

类别 （Category）	标准 （Criteria）	得分	理由 （Justification）
决策 （Decision-Making）	反对程序框架 （Framework of the Objection）	1	第 20 条第（6）款："……（a）该决定不符合本公约、1982 年海洋法公约的规定；或（b）该决定在形式上或事实上无理歧视有关成员。"（Article 20（6）："[...]（a）the decision is inconsistent with the provisions of this Convention, the Agreement or the 1982 Convention；or（b）the decision unjustifiably discriminates in form or in fact against the member concerned. "）
	审查小组 （Review Panel）	0.5	第 20 条第 6 款："对一项决定投反对票或在作出决定的会议上缺席的成员，可在委员会通过决定后 30 天内，按照本公约附件 2 规定的程序，组成审查小组对该决定进行审查。"（Article 20（6）："A member which has voted against a decision or which was absent during the meeting at which the decision was made may, within 30 days of the adoption of the decision by the Commission, seek a review of the decision by a review panel constituted in accordance with the procedures set out in Annex II to this Convention. "）（权重 0.5）
合作 （Cooperation）	合作 （Cooperation）	1	CMM 2010-06 第 23 款："……执行主任应将中西太平洋渔业委员会非法、未报告和无管制捕捞行为的渔船黑名单通报给粮农组织和其他区域性渔业管理组织，加强中西太平洋渔业委员会和这些组织之间的合作，以防止、阻止和消除非法、未报告和无管制捕捞行为。" （CMM 2010-06, par 23："[...] the Executive Director shall transmit the WCPFC IUU Vessel List to the FAO and to other regional fisheries organizations for the purposes of enhancing cooperation between the WCPFC and these organizations aimed at preventing, deterring and eliminating IUU fishing. "）
	交叉渔船黑名单 （Cross-listing）	0	相关决议中没有关于与其他区域性渔业管理组织交叉列渔船黑名单的规定。（No provisions for cross-listing with other RFMOs established in the relevant resolution. ） 未提及其他区域性渔业管理组织的非法、未报告和无管制捕捞行为渔船黑名单。（No mention of IUU vessel list from other RFMOs. ）

续表

类别 （Category）	标准 （Criteria）	得分	理由 （Justification）
履约审查 （Compliance Review）	履约审查机构及相关 文件 （Compliance Review Body and Related Documents）	1	自 2005 年以来,技术和履约委员会每年举行会议;履约监控方案根据 CMM 2010-03 建立,CMM 2017-07 作了进一步扩展;自 2011 年以来,每年发布履约监测报告（https://www.wcpfc.int/compliance-monitoring）;有最新年度报告:2017 年最终履约监测报告(涵盖 2016 年的活动)。(Technical and Compliance Committee gathering annually since 2005; Compliance Monitoring Scheme was established by CMM 2010-03 and extended with CMM 2017-07; Compliance Monitoring Reports published annually since 2011（https://www.wcpfc.int/compliance-monitoring）; latest annual report available: 2017 Final Compliance Monitoring Report（Covering 2016 Activities）.）
	概述(养护和管理措施的实施) （Summary （Implementation of CMMs））	1	最终履约监测报告包含缔约方、合作非缔约方对养护和管理措施的履约情况(Final Compliance Monitoring Reports list compliance with CMMs by CP/CNCP)
	概述(数据收集) （Summary（Data Collection））	1	最终履约监测报告包含缔约方、合作非缔约方对数据提供要求的履约情况(Final Compliance Monitoring Reports list compliance with data provision requirements by CP/CNCP)
	制裁 （Sanctions）	0	(1) CMM 2017-07 第 38 款:"委员会特此设立一个闭会期间工作组,制定一个养护和管理措施补充程序,委员会可通过实施养护和管理措施来确定一系列不履约行为,包括合作能力建设举措,并酌情确定促进遵守养护和管理措施所需的惩罚和其他行动。……" —— 正在制定条款。(CMM 2017-07, par 38: "The Commission hereby establishes an intersessional working group to develop a process to complement the CMS that shall identify a range of responses to non-compliance that can be applied by the Commission through the implementation of the CMS, including cooperative capacity-building initiatives and, as appropriate, such penalties and other actions as may be necessary to promote compliance with Commission CMMs. [...]" - establishment of provisions in progress.)

类别 （Category）	标准 （Criteria）	得分	理由 （Justification）
履约审查 （Compliance Review）	制裁 （Sanctions）	0	（2）"第 13 次年会技术和履约工作组（TCC13）建议中西太平洋渔业委员会第 14 次年会同意，报告信息一般包含……如果被指控，应该如何被指控（如口头警告、书面警告、处罚/罚款、许可制裁等）。"（"TCC13 recommends that WCPFC14 agree that the information that should be reported generally includes [...] if charged, how was it charged（e. g. verbal warning, written warning, penalty/fine, permit sanction, etc.）"）
南极海洋生物资源养护委员会 （CCAMLR）			
监测、控制和监督最低标准 （MSC Minimum Standards）	授权渔船登记 （Registry of Authorised Vessels）	3	（1）养护措施 10-02 缔约方对在公约管辖区域内作业、悬挂其船旗的渔船承担许可和检查义务。（Conservation Measure 10-02 Licensing and inspection obligations of Contracting Parties with regard to their flag vessels operating in the Convention Area.） （2）CM 10-02 第 2 条（CM 10-02, Article 2） （3）登记信息向公众开放（https://www.ccamlr.org/en/compliance/list-authorised-vessels）
	渔获登记制度 （Catch Documentation Scheme）	1	CMM 10—05 南极犬牙鱼渔获登记制度（CMM 10—05 Catch Documentation Scheme for Dissostichus spp.）
	船舶监控系统 （Vessel Monitoring System）	1	（1）CMM0-04 自动卫星连接船舶监控系统（CMM 10-04 Automated satellite-linked Vessel Monitoring Systems（VMS））（权重 1） （2）CMM10-04 第 6 款："……在渔船位于公约管辖区域时，根据第 2 款向船旗国传送船舶监控系统数据……"；来自南极海洋生物资源养护委员会官网：所有经成员国授权在公约管辖区域开展捕捞作业的渔船都必须向其船旗国报告船舶监控系统数据，船旗国随后必须将这些数据通报给南极海洋生物资源养护委员会秘书处。许多渔船还近乎实时地直接向南极海洋生物资源养护委员会秘书处通报船舶监控系统数据。

续表

类别 （Category）	标准 （Criteria）	得分	理由 （Justification）
监测、控制和监督最低标准 （MSC Minimum Standards）	船舶监控系统 （Vessel Monitoring System）	1	（CMM 10-04, par 6: "[...] transmits VMS data in accordance with paragraph 2, to the Flag State while the vessel is in the Convention Area [...]"; from CCAMLR web page: All vessels authorised by Members to fish in the Convention Area are required to report VMS data to their Flag State which must then forward this data to the CCAMLR Secretariat. Many vessels also report VMS data directly to the CCAMLR Secretariat in near-real-time. ）（权重 0）
	海上检查 （Inspections at Sea）	1	南极海洋生物资源养护委员会检查系统（CCAMLR System of Inspection）
	观察员方案 （Observer Programme）	1	国际科学观察计划（南极海洋生物资源养护委员会）——南极海洋生物资源养护委员会要求所有渔业渔船上均搭载观察员,他们是出于科学目的在船上工作,但他们也会记录鱼饵包装箱是否标注品牌(以查验是否在南极海洋生物资源养护委员会禁止鱼饵名列内)等诸如此类的履约信息,这些观察数据可以用于履约评估。(与南极海洋生物资源养护委员会秘书处沟通获知)Scheme of International Scientific Observation（CCAMLR）- CCAMLR requires observers on vessel in all fisheries, and while they are there for scientific purposes, they do record other elements of compliance, such as the presence/absence of bands on bait boxes（prohibited in CCAMLR）, and these observations can be used in the compliance evaluation（communication with CCAMLR Secretariat））
	转载监测方案 （Transhipment Monitoring Programme）	1	CM 10-09 公约管辖区域内转载通知系统（CM 10-09 Notification system for transhipments within the Convention Area）
	港口检查 （Inspections in Port）	1	CM 10-03 对装载南极海洋生物资源的渔船进行港口检查（CM 10-03 Port inspections of fishing vessels carrying Antarctic marine living resources）

类别 （Category）	标准 （Criteria）	得分	理由 （Justification）
监测、控制和监督最低标准 （MSC Minimum Standards）	指定登陆港 （Designation of Landing Ports）	0	（1）CM 10-03 规定缔约方可指定渔船进入的港口（"Contracting Parties may designate ports to which fishing vessels may seek entry."（CM 10-03）） （2）无
非法、未报告和无管制捕捞渔船黑名单 （IUU Vessel Listing）	记录 （Document）	1	CM 10-06（2016）促进缔约方渔船遵守南极海洋生物资源养护委员会养护措施的计划（Conservation Measure 10-06（2016）Scheme to promote compliance by Contracting Party vessels with CCAMLR conservation measures） CM 10-07（2016）促进非缔约方渔船遵守南极海洋生物资源养护委员会养护措施的计划（Conservation Measure 10-07（2016）Scheme to promote compliance by non-Contracting Party vessels with CCAMLR conservation measures）
	链接 （Link）	—	https://www.ccamlr.org/en/compliance/contracting-party-iuu-vessel-list https://www.ccamlr.org/en/compliance/non-contracting-party-iuu-vessel-list
	覆盖范围 （Coverage）	1	规定两份单独的黑名单（Provisions for two separate lists）
	证据 （Evidence）	2	（1）第 3 款："如果某一缔约方获得关于悬挂另一缔约方船旗的渔船从事第 5 款所列活动的信息，那么其应及时向执行秘书和有关缔约方提交包含该信息的报告。"（Paragraph 3: "Where a Contracting Party obtains information that vessels flying the flag of another Contracting Party have engaged in activities set out in paragraph 5, it shall submit a report containing this information to the Executive Secretary and the Contracting Party concerned in a timely manner."） （2）第 6 款："……根据第 2 款和第 3 款收集的信息，以及执行秘书可能获得的任何其他信息……"（Paragraph 6: "[...] on the basis of the information gathered in accordance with paragraphs 2 and 3, and any other information that the Executive Secretary might have obtained [...]"）

类别 （Category）	标准 （Criteria）	得分	理由 （Justification）
非法、未报告和无管制捕捞渔船黑名单 （IUU Vessel Listing）	受益所有人 （BO）	1	第16款第3项："船舶所有人和之前的所有人，包括受益所有人，如果有的话。"（Paragraph 16（iii）："owner of vessel and previous owners, including beneficial owners, if any."）
	列出理由 （Listing Justification）	2	（1）第16款第10项："此后在公约管辖区域内目击该渔船的日期和地点，如果有，以及该渔船违反南极海洋生物资源养护委员会养护措施进行的任何其他相关活动的日期和地点。"（Paragraph 16（x）："date and location of subsequent sightings of the vessel in the Convention Area, if any, and of any other related activities performed by the vessel contrary to CCAMLR conservation measures."） （2）非法、未报告和无管制捕捞渔船黑名单包含非法、未报告和无管制捕捞活动的描述。（Description of IUU activity available in the IUU vessel list.）
	后续行动 （Follow-up）	3	（1）第18款："各缔约方应采取一切必要措施，但须遵守并符合其适用的法律和条例以及国际法……"（Paragraph 18："Contracting Parties shall take all necessary measures, subject to and in accordance with their applicable laws and regulations and international law […]"） 第20款："执行秘书应促进非缔约方与委员会合作，加入渔获登记制度和非法、未报告和无管制捕捞渔船黑名单行动，并要求他们尽可能根据适用的法律和条例，不对已列入黑名单的渔船进行登记，除非委员会将其从黑名单中删除。"（Paragraph 20："The Executive Secretary shall circulate to non-Contracting Parties cooperating with the Commission by participating in the CDS the CP-IUU Vessel List, together with the request that, to the extent possible in accordance with their applicable laws and regulations, they do not register vessels that have been placed on the List unless they are removed from the List by the Commission."）（权重1）

类别 （Category）	标准 （Criteria）	得分	理由 （Justification）
非法、未报告和无管制捕捞渔船黑名单 （IUU Vessel Listing）	后续行动 （Follow-up）	3	（2）第 18 款第 8 项："禁止与来自非法、未报告和无管制黑名单上的渔船开展南极犬牙鱼进口、出口和再出口；"（Paragraph 18（viii）："imports, exports and re-exports of Dissostichus spp. from vessels on the CP-IUU Vessel List are prohibited；"）（权重 1） （3）对履约报告中提及的涉嫌非法、未报告和无管制捕捞行为的渔船（未列入非法、未报告和无管制捕捞渔船黑名单的渔船）采取的行动。（Actions take in relation to vessels suspected of IUU fishing noted in the Compliance report（vessels not included on the IUU vessel list）.）（权重 1） （4）无，但第 25 款中有规定："委员会应在随后的南极海洋生物资源养护委员会年会上酌情审查根据第 24 款提出请求的缔约方采取的行动，并确认那些尚未纠正其行动的缔约方。"（Not available, however there are provisions available in paragraph 25："The Commission shall review, at subsequent CCAMLR annual meetings, as appropriate, action taken by those Contracting Parties to which requests have been made pursuant to paragraph 24, and identify those which have not rectified their activities."）（权重 0）
决策 （Decision-Making）	记录 （Document）	1	《南极海洋生物资源保护公约》（1980 年）（Convention on the Conser-vation of Antarctic Marine Living Resources（1980））
	表决 （Voting）	0	第 12 条第 1 款："委员会关于实质性事项的决定应以协商一致方式作出。一个问题是否是实质问题其本身就是一个实质性问题。（第 12 条表明，在重要事项上，决策过程将默认为协商一致）（Article XII（1）："Decisions of the Commission on matters of substance shall be taken by consensus. The question of whether a matter is one of substance shall be treated as a matter of substance."（Article XII suggests that on important matters, the decision-making process would default to consensus））

续表

类别 （Category）	标准 （Criteria）	得分	理由 （Justification）
决策 （Decision-Making）	反对程序 （Objection）	0	无（NA）
	反对理由 （Justification of the Objection）	0	无（NA）
	反对程序框架 （Framework of the Objection）	0	无（NA）
	审查小组 （Review Panel）	0	无（NA）
合作 （Cooperation）	合作 （Cooperation）	1	第 19 款："……执行秘书应将缔约方非法、未报告和无管制捕捞行为渔船黑名单通报粮农组织和适当的区域性渔业管理组织,加强南极海洋生物资源养护委员会和这些组织之间的合作,以防止、制止和消除非法、未报告和无管制捕捞行为。"（Paragraph 19: "[...] the Executive Secretary shall communicate the CP-IUU Vessel List to the FAO and appropriate regional fisheries organisations to enhance cooperation between CCAMLR and these organisations for the purposes of preventing, deterring and eliminating IUU fishing. " ）
	交叉渔船黑名单 （Cross-listing）	0.5	（1）相关决议中没有关于与其他区域性渔业管理组织交叉列非法、未报告和无管制捕捞行为的渔船黑名单的规定。（权重 0） （2）官网提供其他区域性渔业管理组织非法、未报告和无管制捕捞渔船黑名单的链接。（权重 0.5）
履约审查 （Compliance Review）	履约审查机构及相关文件 （Compliance Review Body and Related Documents）	1	南极海洋生物资源养护委员会履约评估程序（CCEP）评估缔约方养护和管理措施的履约状况;相关责任机构是执行和履约常务委员会（SCIC）,自 2003 年以来,该委员会每年举行会议;执行和履约常务委员会取代了 1988 年成立的监察和检查常务委员会（SCOI）。（CCAMLR Compliance Evaluation Procedure（CCEP）evaluates CPs' compliance with CMMs; responsible body is Standing Committee on Implementation and Compliance（SCIC）, gathering annually since 2003; SCIC has replaced Standing Committee on Observation and Inspection（SCOI）established in 1988. ）

类别 （Category）	标准 （Criteria）	得分	理由 （Justification）
履约审查 （Compliance Review）	概述（养护和管理措施的实施） （Summary（Implementation of CMMs））	1	《南极海洋生物资源养护委员会履约报告》（最新报告——南极海洋生物资源养护委员会第 36 届会议附件 8）明确了缔约方和合作非缔约方不遵守养护和管理措施的情况。（CCAMLR Compliance Report（latest-Annex 8 of the Commission meeting CCAMLR XXXVI）identifies non-compliance with CMMs by CP/CNCP. ）
	概述（数据收集） （Summary（Data Collection））	1	缔约方和合作非缔约方提供的养护和管理措施的履约报告（CMMs23-0X，其中 X 范围为 1-7）（Compliance with CMMs on data reporting（CMMs marked 23-0X, where X ranges from 1 to 7）available by CP/CNCP）
	制裁（Sanctions）	0	（1）无 （2）无